中小企业常见法律风险防控

马志杰 ◎编著

中华工商联合出版社

图书在版编目（CIP）数据

中小企业常见法律风险防控 / 马志杰编著 . —— 北京：中华工商联合出版社，2020.7

ISBN 978-7-5158-2754-4

Ⅰ . ①中… Ⅱ . ①马… Ⅲ . ①中小企业 – 企业法 – 研究 – 中国 Ⅳ . ① D922.291.914

中国版本图书馆 CIP 数据核字 (2020) 第 091965 号

中小企业常见法律风险防控

作　　者：马志杰

出 品 人：李　梁

责任编辑：吴建新

责任审读：郭敬梅

封面设计：张合涛

责任印制：迈致红

出　　版：中华工商联合出版社有限责任公司

发　　行：中华工商联合出版社有限责任公司

印　　刷：北京毅峰迅捷印刷有限公司

版　　次：2020 年 7 月第 1 版

印　　次：2020 年 7 月第 1 次印刷

开　　本：880mm × 1230 mm　1/32

字　　数：110 千字

印　　张：6.25

书　　号：ISBN 978-7-5158-2754-4

定　　价：39.90 元

服务热线：010–58301130–0（前台）

销售热线：010–58302813（发行部）

　　　　　010–58302977（网络部）

　　　　　010–58302837（馆配部）

　　　　　010–58302813（团购部）

地址邮编：北京市西城区西环广场 A 座

　　　　　19–20 层，100044

Http：//www.chgslcbs.cn

投稿热线：010–58302907（总编室）

投稿邮箱：1621239583@qq.com

目　录

序

古语云"国无常强，无常弱。奉法者强则国强，奉法者弱则国弱"，"道私者乱，道法者治"，"法令既行，纪律自正，则无不治之国，无不化之民"。我们古人早就知道，只有依法治国，用法度来约束人们的社会行为，国家才能强大。法治国家除了要有一套完备的、完整的、良好的法律体系之外，这套法律体系还要得到严格遵守执行。我们企业也是如此，从企业注册开始，按照规定就要有自己的章程等制度要求，需要我们严格遵守执行。

作为一名忠实的法律专业学习者、法律爱好者，笔者在经历了法院、党委组织部、工商联工作之后，对企业家及企业的现实状况有了更为深入的了解。企业的日常经营行为，犹如一场场商海战役。有的企业将以"钱"行天下作为主要经营理念,在党性认识、政策意识、法律意识方面比较淡薄,对有关政策充满不解、对政府工作人员充满抱怨、对员工充满埋怨、对合作伙伴充满怨言,以至于使自己处处陷入生存危机,缺少真正的合作企业,没有众创理念等,有些企业家感到很孤独。有的企业家为了提高自身综合素质,参加各大院校的高级培训班,可以说是"听时乐,想时忧,用时迷",但总觉得花了钱就安心、安全。其实不然,在"依法治国"的大环境下,企业运营要想实现真正的安全,就应该做到学法、知法、懂法、守法、用法,同时还要掌握当下的政策要求,这才是企业和企业家安身立命的有效保障。

有鉴于此,笔者结合自身在法律实践过程中所接触到的常见企业风险问题,整理了110条提示内容,供各位企业家、企业管理人员参阅,愿各位尽早树立政治意识和防范企业法律风险的意识,以使自身和企业拥有真正的安全感。

在您阅读本书之前,笔者向您说明两点:一是笔者整理的110条提示,仅为提示性内容,希望通过抛砖引玉,使各位企业家、企业管理人员借此了解到企业日常运营中可能存在的法律风险问题,以帮助各位企业家尽可能提早规避企业法律风险。如果企业真正遇到现实法律问题,需排疑解惑的,请咨询专业的法律服务机构。二是本书虽前后几易其稿,但由于才疏学浅,水平有限,书中难免有疏漏和错误之处,敬请各位读者谅解。同时,希望各级领导、企业家朋友、律师朋友们能多关心企业的健康发展，欢迎各位读者在发现问题后不吝赐教，以便于本书后续修订升级，也希望更多的专业人士创作此类书籍，给企业家和企业管理人员以更全面、更权威的法律指导。

作者

2020 年 5 月 1 日

前　言

　　2013 年 8 月，笔者到延安市工商联工作后，逐渐了解到，许多企业家不重视自身政治意识、法律意识的培养，他们从敢闯敢干开始，一部分企业虽取得了成功，但同时也培养了企业家的"土豪气"，认为自己聘请了法律顾问就万事大吉了。在当今的市场环境下，无知无畏的粗放型管理极易给企业带来重重风险，很多企业会随时陷入难以生存的局面。如何才能在实现自我发展的同时规避法律风险？笔者认为，主要还是每位企业家要有一定的政治意识、法律意识。

　　近年来，国家大力发展混合所有制企业，强调国有资本、集体资本、非公有制资本等交叉持股，形成相互融合的混合所有制经济，国企在改革发展、民企在开拓进取中面临的很多法律问题会更加突显。同时，很多企业在股份制改造、合同纠纷、借贷诉讼中损失惨重，平时倍受他人羡慕的企业家、高管也成了涉诉的高危人群。其中的绝大多数都是因为不重视管理风险的防控，特别是中小微企业，他们的管理层虽然在创造企业价值时充满热情，但却在企业风险防控方面意识淡薄，法律顾问亦常常流于形式。一些企业在不知不觉中破产，企业家银铐入狱，令人惋惜。据公开数据显示，我国民营企业用 40% 的资源创造了 60% 的 GDP，交纳 50% 的税收，贡献了 70% 以上的技术创新，为社会发展做出了巨大贡献。然而许多民营企业家法律意识淡薄，未能听取法律顾问的意见和建议，以至出现"顾"而"不问"的情形，使法律顾问形同虚设，没有起到为企业保驾护航的作用。等到企业真正面临危机时才发现，"亡羊补牢，为时已晚"。

"圣人不治已病治未病，不治已乱治未乱"，这是《黄帝内经》中的医理名言，放在企业治理上说，就是控制风险要意识在先，才能达到良好的效果，所以要先解决企业管理人员的政治大局意识、法律防控意识问题，才能使企业战略决策、经营管理上不出现问题。希望通过本书中的企业法律风险提示内容，能促使企业的管理层认识到法律顾问与企业家密切配合的重要性，使法律顾问能够更全面更深入地参与到企业管理中去，使管理层对企业的发展状况做到心中有数，使法律顾问能够在企业发展中及时提供更有效的法律服务。

第一篇

企业根基篇

第一章

企业党建工作的重要性

党建兴则事业兴，党建强则事业强。党的基层组织是确保党的路线方针政策和决策部署贯彻落实的基础。抓好企业党建工作，不仅是推进全面从严治党向基层延伸的迫切需要，更是推进新时代党的建设伟大工程的必要之举。

各位企业家要在大是大非面前态度鲜明、立场坚定，始终在政治立场、政治方向、政治原则、政治道路上同以习近平同志为核心的党中央保持高度一致。要善于从政治上研判形势、分析问题，自觉在党和国家工作大局下想问题、做工作，做到一切服从大局、一切服务大局。要强化忧患意识、风险意识，增强政治敏锐性和政治鉴别力。要提高风险处置能力，及时阻断不同领域风险的转换通道，防止企业内部风险扩大为公共性风险、非政治性风险演变为政治风险。

习近平总书记指出："非公有制企业是发展社会主义市场经济的重要力量。非公有制企业的数量和作用决定了非公有制企业党建工作在整个党建工作中越来越重要，必须以更大的工作力度扎扎实实抓好。"当我们的企业面临人心不齐、企业发展摩擦多、内部争议纠纷频发、发展动力不足等问题时，党的思想政治工作是促进和谐、凝心聚力的最有力保证。因此，企业经营发展最基础、最根本的前提条件，还是要充分发挥好党建工作的政治优势、核心优势，将其积极转化为企业的机遇优势、人才优势和凝聚力优势，从企业内部建设上引领企业合法、合规、可持续发展。

1. 企业党建是企业发展的"红色引擎"，要突出制度建设

　　党的十九大报告指出："要以提升组织力为重点，突出政治功能，把企业、农村、机关、学校、科研院所、街道社区、社会组织等基层党组织建设成为宣传党的主张、贯彻党的决定、领导基层治理、团结动员群众、推动改革发展的坚强战斗堡垒。"当前，企业应将这一要求作为开展党建工作的重要标尺，不断探索创新党建工作方式，增强党建工作的活力，凝聚人心，鼓舞士气。企业家应认识到，党的领导不仅是企业健康生存的重要保障，也是企业在社会主义市场经济大道上飞驰的"红色引擎"，只有追随党、依靠党、信任党才能让企业永葆活力，才能在日新月异的经济形势中持续发展。

　　企业要将党建工作与企业风险内控工作有机融合，充分发挥企业党建工作的"红色引擎"作用，就必须加强领导、明确责任，真正实现"围绕中心抓党建，抓好党建促发展"的根本任务。一是加强制度建设，规范企业各项管

理；二是形成一把手负总责、亲自抓，分管领导具体负责的工作机制；三是建立和完善企业党员干部职工积极参与的工作格局及责任体系，有力地推动企业党建工作的深入开展。

2. 企业党建是企业发展的"根"与"魂"，要突出学习推进

党的十八大提出，"毫不动摇鼓励、支持、引导非公有制经济发展，保证各种所有制经济依法平等使用生产要素、公平参与市场竞争、同等受到法律保护"。企业抓好自身党建工作，就是架起党与企业的"连心桥"，培育企业发展的"根"和"魂"。因此，广大企业家、企业管理人员应从更高层面、更深层次充分认识党建工作的重要性，把党建工作列入日程、放在心上、抓在手上，切实从思想认识上和具体行动上重视支持企业党建工作。

越是在形势复杂多变的时候，企业越需要发挥党组织的政治核心和政治引领作用，更好地学习宣传党的路线方针政策和法律法规。在学习中，要坚持做到"四个突出"：一是突出对马克思列宁主义、毛泽东思想、邓小平理论、"三个代表"重要思想、科学发展观和习近平新时代中国

特色社会主义思想等党的有关理论著作的学习，使大家深刻领会党的最新理论成果的精髓；二是突出理想信念教育，促进两个健康工作落到实处；三是突出有关党的方针政策、法律、法规的学习，使企业党员干部职工牢牢把握党的方针政策，增强贯彻落实的准确性；四是突出科学文化和业务知识的学习，不断提高自身素质，促进企业创新发展。

3. 企业党建助推企业经济高质量发展，要突出活动抓手

在千帆竞渡、百舸争流的伟大时代背景下，如何让企业实现平稳高质量发展？重中之重就是各位企业家要加强政治能力训练和政治实践历练，切实提高把握方向、把握大势、把握全局的能力和辨别政治是非、保持政治定力、驾驭政治局面、防范政治风险的能力。

企业党组织要在抓支部建设上狠下功夫，每季度要全面考察、了解一次党支部在抓自身建设和队伍建设中的做法和经验，检查企业对党的各项制度落实情况，以及贯彻上级党组织决定的情况，及时总结和推广。企业党组织应该定期开展交心谈心、党建工作例会等活动，书记与班子成员、班子成员与中层干部、中层干部与普通党员和职工，

广泛地开展交心谈心活动，经常性研究分析员工思想动态，抓住员工中的热点、难点问题，通过谈心谈话等形式，因势利导开展思想教育，把员工的思想统一到企业的决策部署上来。同时，把党建工作与优化环境相结合，运用先进典型人物的感人事迹和人格魅力，影响和带动企业员工，形成积极上进的良好风尚，实现企业精神的凝聚效应，为党建工作提供良好环境。

4. 工商联、商会助推企业发展走向新征程，要突出平台建设

在"互联网＋创业创新"及"一带一路""中国制造2025"等重大政策和倡议出台的时代背景下，各级工商联、商会要敢于担当，创造性地开展工作，新的形势任务更加紧迫，对人才、平台及信息的需求更高。各级工商联、商会要充分发挥桥梁纽带作用，搭建起国企与民企、省内企业与省外企业之间合作共赢的学习平台。充分发挥政治引领作用、战斗堡垒作用、教育引导作用、管理协调作用，着重从企业科学管理、人才引进、信息对等、创新创造等方面，认真做好工作，提高企业家地政治意识、法律意识、合规意识，由内向外助推企业发展迈向高水平发展的新征程。

第二章

刑事法律风险防控

　　企业家都懂得"富贵险中求"的道理，将其正确理解为企业的发展时时处处都面临着风险，但是这里的"险"应当被限定在"商业风险"的范畴内。如果这里的"险"变成了"法律风险"，将会超出企业家所能承受的限度，可能会给其带来牢狱之灾，给企业带来"灭顶之灾"。在"法治经济"的大环境下，刑事法律风险是企业家的"高压线"，但现实中并非所有企业家都具有识别刑事法律风险的能力。在本章中，笔者结合当下常见的企业家可能面临的刑事法律风险和司法实践案例等，给出一些具体的刑事法律风险提示，希望对企业发展有所帮助。

5. 企业家学法，要从认识公司开始

公司是什么？公司是一项伟大发明，它的意义堪比"四大发明"对人类文明进步所做出的贡献，公司制度起源于欧洲的荷兰。16世纪是大航海时代，首先抓住时代机遇的是西班牙和葡萄牙，两国抓住机遇很快成为崛起的经济强国，此时荷兰人看到了非常眼红。一群荷兰穷兄弟想到一个主意：大家每人出点钱，合伙买一条大船，然后出海去抢占殖民地、开拓贸易，发财以后大家按出资比例分享收益。这个主意虽然好，但是有人提出一个问题：如果赔了，怎么办？出海发生意外，死了人谁赔？穷人创业，赔不起，一次失败可能就要背负一辈子的债务。

大家吵吵嚷嚷之后，定下几条原则：第一，每人认缴一定比例的出资；第二，选出一个信誉好、能力强的人管理和支配全部资本；第三，发生任何负债、亏损时，以全部收益和每个人缴纳的出资额为限承担责任，不足部分可以要求国王准予免除；第四，收益按每个人的出资比例分享。公司制度由此诞生。

公司虽然不是"物"，但却是一项伟大的制度发明。自公司制度发明以来，人类的经济活动变得异常活跃，只要你有好的"生意"，没钱也能办成大事。荷兰正是凭借着公司制度的伟大发明，一跃成为继西班牙、葡萄牙之后，又一个崛起的强国。

6. 公司章程就是公司的宪法

法律上将公司称为"法人"，意思是说，在法律上"公司"和"人"具有同样的主体资格，法律上视同公司为"人"，但公司毕竟不是人。因此，公司要想和人一样独立从事经济活动，就必须有一套组织机构作为保障，这套组织机构使得公司可以像国家一样稳定运行。将"公司"和"国家"做比较，我们就很容易理解公司的运行方式。

我们国家的权力机构是"人民代表大会"，公司是"股东（大）会"；国家的管理机构是"国务院"，公司是"董事会"；国家有一部"宪法"，这是国家的根本大法，公司有"章程"，这也是公司的根本大法。

然而，大多数人在成立公司时并不重视"章程"，把

"章程"仅仅视为注册公司所需要的一份普通文件。事实上，"章程"对于公司而言非常重要，一旦公司内部股东之间、股东与董事之间发生权力纷争，最终权力的归属、纠纷的解决，都必须依据公司章程。但是总有人对公司章程不屑一顾，甚至于有人说："许多企业老板都不知道自己公司的章程是怎么写的，公司也没有出事，发展得照样红红火火。"

持这种观点的人忽略了一个关键事实——这家公司有几名股东？有没有可能发生股东之间、股东与董事之间的权力纷争？如果公司名义上有许多股东，但实际上是大股东一股独大，公司管理上高度集权，公司没有股东之间、股东与董事之间权力纷争的可能，章程当然就没有那么重要了。

公司制度是为聚合人力、财力而创造的，它的思想源泉是民主、法治，如果一家公司实质上就只有一个老板，那只是形式上的公司，更无从谈及"公司治理"。这种类型企业的"公司治理"，就是"老板管好自己"，公司章程当然只是注册登记时所需的一纸文书了。

公司从小到大的发展路径，可以分为初创公司、有限公司和股份公司三个阶段。

在公司初创阶段，最需要的是创业者的勇气、眼光和魄力，公司成功的关键可能与公司章程和公司治理无关，只与创始人的个人能力有关。

当公司度过初创期，生存下来以后，就需要吸纳更多的资金和人才，以推动公司进一步发展壮大，此时公司就需要健全制度，从而能够吸引投资者和加盟者，此时的公司应当适时成为有限公司。有限公司成立时，需要通过公司章程向投资人明示公司的组织机构、公司治理制度，需要完善的规章制度、透明的财务信息，才能吸纳更多的人加入公司，产生更多的业务量。

当公司对资金有进一步需求时，就可以考虑上市，这样就可以吸纳更多的资金，聘请更专业的管理团队，从而逐步壮大公司，此时公司就应该改制为股份公司。

因此，公司章程将随着公司的发展壮大而越来越重要。

7. 在注册资本认缴制度下，更容易出现虚假出资、抽逃出资

自 2014 年 3 月 1 日起，注册公司的注册资本由"实缴制"改为"认缴制"。许多人有一个错误认识，认为既然是"认缴制"，那我就把注册资本写得高一点，这样会很有面子。事实上，"实缴制"和"认缴制"并没有实质差别，两者唯一的区别是——出资时限不同。"实缴制"要求在公

司成立时，注册资本写多少，就必须马上拿出相应数额的真金白银履行出资义务；"认缴制"则不要求马上出资，但并没有免除股东的出资义务。

"吹牛是要上税的"，如果你认为"认缴制"下就可以肆意把注册资本填得很高，万一当公司面临破产时，股东就必须为自己"吹过的牛"买单。因为在"认缴制"下，承诺但未交纳的出资，视为股东对公司的负债，在公司破产时股东必须全部补缴。例如：张某与李某拟各自出资100万元设立甲公司，当张某出资100万元后，这100万元就不再是张某的个人财产，而成为了甲公司的资产。那么，张某得到了什么呢？张某得到的是甲公司100万元的股权。此时，如果李某的100万元没有出资到位，那么李某就欠甲公司100万元，一旦甲公司对外出现巨额负债，被宣告破产时，李某就需要在100万元认缴范围内对甲公司的债务承担连带责任。

在"实缴制"下，一些人为了成立公司，会通过第三方代其完成出资，取得出资证明后，再将钱还给第三方。公司一旦破产，债权人要戳穿股东虚假出资或抽逃出资的事实，在实践中却并不容易。因为公司经营期间有一些专业机构协助股东完成了虚假出资和抽逃出资，等到经营几年以后，再追究股东的出资责任就非常困难。在"认缴制"要求下，出资期限可以很长，出资也不需要第三方机构介人，表面上对股东的监管放松了，但实际上所有的出资责任都必须由股东自己承担，追究股东虚假出资、抽逃出资的责任就更为容易。

因此，我建议企业家们，在"认缴制"情形下，填写公司注册资本时，要结合企业发展规划和实际需要，要依据自己的投资和经营实力，切不可随意而为、任性而填，不能为了面子而给自己"埋雷"。

8. 公司也需要反腐

腐败，对于任何组织来说，都是致命的毒瘤。

经济学上讲，"货币"是一般等价物。所谓"一般等价物"，也可以理解为"有钱能使鬼推磨"，用"钱"可以换来你需要的任何商品和服务，所以腐败最常见的形式是钱权交易。公司在对外经济活动或内部管理中，某些员工或多或少也会获得某项权力，因而也就有机会"腐败"。马云曾多次讲，对于公司内部腐败要"零容忍"，阿里巴巴内部专门设立了反腐部门——廉政部，该部门负责人蒋芳兼任阿里巴巴集团副总裁，由此可见马云对企业腐败问题的重视程度。

有观点认为，在经济活动中，员工收受其他企业或者个人的"好处"，只要不出卖公司根本利益，就没什么大不了。这种观点忽视了腐败对企业文化的毒害。企业中一旦形成腐败文化，外来的腐败必然会导致企业内部的变质，发展成内部腐败后，将会让一个稳定健康发展的企业从内部烂掉、倒下。华为被认为是最厉害的中国企业之一，华为有一部《员工商业行为准则》，里面提到企业预防腐败的"三自律"：企业经营方式自律、员工从业行为自律、与国家机关工作往来中行为自律，与之对应的是每名员工都有一套属于自己的诚信档案，任何失信或其他污点的记录都将导致其在华为内部升迁时被一票否决。

员工腐败并不是公司"家务事"，而是违法犯罪行为，企业不能藏着、掖着，因为腐败的危害并不仅限于企业内部，更为严重的是危害到了整个社会的经济秩序和道德体系。

9. 给予或接受回扣，可能构成犯罪

在经济活动中，为争取交易成功的机会，账外暗中给予对方人员财物或其他好处，属于商业贿赂行为。商业贿

赂可能产生三种法律责任。第一，商业贿赂属于"不正当竞争行为"，受损害的同业竞争者可要求其承担民事赔偿责任。第二，商业贿赂破坏了正常的商业秩序，构成行政违法，可能会被给予行政处罚。第三，如果商业贿赂行为达到刑事立案标准，还可能涉嫌行贿罪、单位行贿罪、对单位行贿罪、对企业人员行贿罪等罪名，被依法追究刑事责任。

在实践中，区别商业贿赂与合法商业回扣的关键——回扣是否为"账外暗扣"。如果是"账外暗扣"则属于商业贿赂，如果在合同协议中明示要给予的回扣，则属于正常商业行为。

10. 企业的法定强制义务，不能免除

随着国家法治进程的不断推进，国家对于劳动者的劳动权益保护越来越重视、越来越严格。在劳动者为企业创造财富的同时，企业也应肩负起相应的社会责任。近年来，因未签劳动合同、未足额支付劳动报酬、未办理和缴纳社保等产生的劳动诉讼案件迅速增多，这些问题如果得不到解决，除了需要承担民事责任、行政责任外，还可能需要

承担刑事责任。

我国《刑法修正案（八）》第四十一条中新增了一条"拒不支付劳动报酬罪"。

在刑法第二百七十六条后增加一条，作为第二百七十六条之一：以转移财产、逃匿等方法逃避支付劳动者的劳动报酬或者有能力支付而不支付劳动者的劳动报酬，数额较大，经政府有关部门责令支付仍不支付的，处三年以下有期徒刑或者拘役，并处或者单处罚金；造成严重后果的，处三年以上七年以下有期徒刑，并处罚金。

单位犯前款罪的，对单位判处罚金，并对其直接负责的主管人员和其他直接责任人员，依照前款的规定处罚。

有前两款行为，尚未造成严重后果，在提起公诉前支付劳动者的劳动报酬，并依法承担相应赔偿责任的，可以减轻或者免除处罚。

但"拒不支付"并不等同于"未支付"，如果企业"未支付"，"经政府责令支付"后，有支付能力仍不支付，则构成犯罪。如果企业确实是因为资金匮乏，无力支付工资，老板应当及时与当地劳动部门联系，并积极说明情况、解决问题，这种情况不构成犯罪。因此，切记在出现问题后，不可一跑了之。

11. 公司的归公司，股东的归股东

公司经营最重要的一点就是——独立，公司应当独立于创设它的股东。公司独立最基本的要求是——公司财产与股东财产相互独立，公司应当拥有自己的财产，并对该财产享有独立的占有、使用、处分、收益的权利。公司财产与股东财产相互独立，既是为了保障公司的正常运营，也是为了保护股东。因为只有公司财产独立了，股东才能享受到"有限责任"的保护，不会因公司亏损、破产而承担连带清偿责任。因此，公司财产独立是公司与股东之间的一道防火墙、防洪渠，既保护了公司，也保护了股东。

如果公司财产与股东财产混同，股东不仅需要对公司债务承担连带清偿责任，还涉嫌触犯挪用资金罪、抽逃出资罪、职务侵占罪，可能会被追究刑事责任。

但是"公司的归公司，股东的归股东"，并不意味着股东和公司之间不能有任何的经济往来，而是强调股东与公司之间的经济活动，必须遵守正常的商业规则，履行公司管理程序，符合公司章程。例如，股东向公司借钱，应

当履行公司内部财务制度；公司向股东借钱，要按照章程作出董事会或股东（大）会决议，履行公司内部财务制度，该支付利息时应当支付利息。

12. 合同纠纷与合同诈骗，有时只是一步之遥

有一个关于如何让穷小子娶到美国总统女儿的故事，被许多人津津乐道。有一个华尔街投资人对一个穷小子说："只要你听我的，我可以让你成为高盛公司高管，并娶到总统的女儿。"投资人将穷小子带到一个华尔街投资人的酒会上，然后很神秘地对高盛公司总裁说："你注意到那个小伙子了吗？他是哈佛大学毕业的高材生，正在和总统的女儿谈恋爱。"高盛总裁走到小伙面前，热情地和他交谈，并许诺给他一个高盛公司的高管职务。在另一场总统参加的酒会上，投资人又很神秘的告诉总统："您注意到那个小伙了了吗？他是哈佛大学高材生，年纪轻轻就已经是高盛公司的高管了。"总统走到小伙跟前，热情地跟他寒暄了几句，并介绍他认识了自己的女儿。这一切被高盛总裁看到后，很快就给小伙升职加薪。总统派人调查后发现穷小子的确是高盛公司的高管，于是同意他和自己

的女儿交往。

有些企业家认为，为了获得商业机会，有时说一个"善意的谎言"无伤大雅，一旦成功了，谁还会在乎你说过什么谎言，只会将其视为商业传奇中的一件逸闻趣事，并且四处传颂。

创造并把握商机，有时就像谈恋爱。在恋爱中，男孩子会向女孩做一些超出自己能力范围的承诺，女孩子也愿意相信男孩子的承诺，但这并不构成诈骗。同样的道理，在商业活动中，无法兑现的承诺并不构成犯罪。但是，如果男孩子为了获取女孩芳心，伪造北大毕业证、军官证等，以骗取女孩与其交往，则涉嫌犯罪。同理，如果为了创造和把握商机，在签订合同时，虚构事实、伪造相关文件，最终又无法清偿债务，就涉嫌合同诈骗了。

合同纠纷与合同诈骗的本质区别在于：（1）是否有非法占有的目的。比如甲的生意赔钱了，甲不接债权人的电话，债权人无法与甲取得联系，甲将会被认定为具有非法占有的目的；反之，一般不会被认定为具有非法占有的目的。（2）是否采取了虚构事实或隐瞒真相的手段。如果仅仅是对外宣传自己的愿景、理想、目标，则不构成合同诈骗，如果虚构事实或隐瞒真相，则可能被认定为构成诈骗。

13. 融资要有大智慧，切记莫玩小聪明

从某种角度上说，银行是典型的"嫌贫爱富"，你的公司经营顺风顺水，名下有很多优质资产，他们就追着给你贷款；如果你的公司陷入困境，债务窟窿越来越大，他们就会对你爱答不理、不肯贷款，因为银行的贷款行为也需要防控风险，也需要避免成为不良贷款，这是银行经营的直接要求，也是由"资本逐利"的本性决定的。除了银行之外，还有很多投资公司也是如此，当你有钱时，金融资本鼓励你持续投资、扩大规模，不断给你融资；当你面临经营困境时，他们扎紧口袋不给你投资，甚至还会以非常低的价格收购你的企业。

因此，企业在融资时一定要保持理性。在能够很容易获得融资时，不要得意忘形，盲目扩张；在融资困难时，也要保持谨慎和镇静，不能饮鸩止渴，置企业前途命运于不顾。所以说，企业融资时应当要有人智慧。

首先，企业在融资前，应当从财务角度深入分析一下，企业目前缺少的是日常流转的"现金"，还是扩大经营规模的"资本"。如果企业缺少的仅仅是现金就应该加强企

业管理能力，降低应收账款，提高现金周转率。虽然通过融资可以解决短期的流转现金短缺问题，但借款终究是要还的，只能是迫不得已的短期应急手段，不能作为长策。

其次，企业在融资前，还应当对自身财务状况进行一下盘点，对企业资产、负债等做到了然于心。这些信息是银行在发放贷款前调查评估需要了解的信息，企业管理者应当先于银行做到心中有数。

其三，掌握银行发放贷款的最新政策动向。国家在不同时期，针对不同主体、地区、产业，都会有一些金融支持政策。企业在贷款前，应当全面了解一下国家最新的信贷政策，充分利用好国家政策红利。

其四，掌握银行信贷的最新动向。目前，银行业和其他产业一样，也在推动金融创新，开发了一些专门针对小微企业、科技企业的金融服务。例如，长安银行有一项面向小微企业的流动资金贷款政策，企业凭业务合同就可以申请贷款。

除了要有大智慧之外，还要注意切莫要小聪明。凡是涉及到钱的事，都是大事、要命的事。资金方面出现问题，会直接断送企业的发展前途，金融秩序出现混乱，也会给国家发展带来致命的损害。因此，国家对维护金融秩序非常重视，《刑法》上有"非法集资罪""非法吸收公众存款罪"等相关罪名。

2015 年 9 月 1 日，最高人民法院颁布《关于审理民间借贷案件适用法律若干问题的规定》（简称《规定》）后，明确企业可以向企业借款，可以向员工借款，也可以向其他个人借款。有的企业家误认为以后就没有"非法集资罪""非法吸收公众存款罪"了。有的企业家听信一些错误观点，认为只要不直接向职工以外人员借款就不构成犯罪，自作聪明地认为在向职工以外人员借款时，先和他们签订一份劳动合同，然后再取得借款，就不会构成犯罪。

这些观点是错误的，是在用"民法"思维理解"刑事犯罪"，是极其危险的"小聪明"。在民法上，男女之间以夫妻名义长期、稳定地共同生活，并不被法律承认，不构成所谓"事实婚姻"；但在刑法上，男女之间以夫妻名义长期、稳定地共同生活，则被认定为"事实婚姻"，如果一方已婚，则构成重婚罪。对于同样一个事实，"民法"上不承认其属于婚姻关系，但刑法上将承认其属于婚姻关系，这就是"民法思维"和"刑法思维"的区别。

虽然企业可以向企业、个人借款，但"非法集资罪""非法吸收公众存款罪"两个罪名依然存在，这两个罪名是民间借贷的"高压线"，在这个问题上不要玩小聪明，不要有任何侥幸心理。

14. 生产经营管理不善，可能要负刑事责任

人长大了，都很怀念小时候，因为小时候无论做错了什么，只要知错能改就行，不仅不会受到责罚，还会得到大人的表扬。然而，在成人的世界里，我们需要为自己的每一个错误承担责任，付出沉重的代价。我们企业家一定要牢记，无论做哪一行都要遵守国家的法律法规、政策和各种标准，如果你做不到、做不好，所面临的可能不仅是企业亏损、破产，甚至可能是牢狱之灾。

2009 年，"三鹿奶粉事件"波及到整个中国乳业，民众对国产奶粉非常失望，以至于丧失信心，直接导致一批官员被免职，21 名直接责任人被公诉、判刑。有人可能认为三聚氰胺并不是三鹿公司独家使用的添加剂，整个奶粉行业中为数不少的产品中都被检测出三聚氰胺。

这些观点似乎有点道理，但却忽略了一点——"标准"也是法律，不达标就是"违法"，违法后果严重就是"犯罪"。其实，从某个层次说，法律无外乎人情，即使我们不知道什么是"生产、销售伪劣产品罪"，只要良知未泯，想想那些受到"毒奶粉"伤害的孩子，想想他们的家庭，

所受的处罚冤吗？

　　企业家应当首先是社会的精英，作为社会精英，你们应当有高于普通人的"标准"。如果你想创建一家优秀的企业，企业也应当有高于"国家标准"和"行业标准"的"企业标准"。

15. 企业税务管控，需要精心筹划

　　税收是国家财政收入的主要来源，依法纳税是每个企业和公民应尽的法定义务。但是，我们也看到，一些企业法律意识淡薄，在疯狂逐利的过程中疏于做好刑事法律风险的识别和防范，触碰了税务管控红线却浑然不知，最终酿成惨剧。

　　企业涉税犯罪入刑门槛低、量刑重，企业对税收刑事法律风险的认识却尤显不足。许多企业为了减轻税务负担，采取偷税、漏税、虚开发票等方式，有些企业甚至铤而走险，建立了内外"两套账"。如果只是涉及行政责任，往往可以破财消灾，尚可弥补。一旦招致牢狱之灾，将面临着刑罚的严厉制裁。随着国家金税三期改革政策的实施，税务监督检查力度进一步加大，我们企业家在纳税工作上

应当更为谨慎、规范。

企业如果想少缴一些税，就应当认真研究国家的税收政策，利用好各项税收政策，实现不缴"冤枉税"、缓缴税和少缴税，这就涉及税务筹划的专业知识。企业做税务筹划时一定要聘用了解本行业发展情况、熟悉本行业交易流程、熟悉本行业税收政策及相关法律法规的税务筹划机构。税务筹划是通过对行业交易规则、税收法规政策的合理利用，从而实现不缴"冤枉税"、缓缴税、少缴税的合法行为，其基本原理：一是通过对交易的重新设计，实现少缴税；二是充分利用税收政策，实现免交、缓交税和税费抵扣。

16. 串通投标属于犯罪行为

串通涨价、串通投标是两种常见的不正当竞争违法行为，但两者的法律后果却有所不同，串通涨价会受到行政处罚，而串通投标可能会构成犯罪，涉嫌"串通投标罪"。串通投标既包括投标人相互串通投标报价，也包括投标人与招标人串通投标。《刑法》第二百二十三条规定中明确，"串通投标罪"最高可判处三年有期徒刑，有下列情形之一的，构成串通投标罪：

（1）损害招标人、投标人或者国家、集体、公民的合法利益，造成直接经济损失数额在五十万元以上的；

（2）违法所得数额在十万元以上的；

（3）中标项目金额在二百万元以上的；

（4）采取威胁、欺骗或者贿赂等非法手段的；

（5）虽未达到上述数额标准，但两年内因串通投标，受过行政处罚二次以上，又串通投标的；

（6）其它情节严重的情形。

现在随便一个工程都在 200 万元以上了，因此一旦串通投标行为被查证属实，很容易就达到了刑事立案的标准。串通投标现象虽然比较常见，但串通投标具有很强的隐蔽性，发案率并不高，许多人误以为串通投标不是犯罪行为。这种认识是错误的。

17. 商业秘密保护的难度大

商业秘密能为企业带来经济利益，甚至可以成为企业的核心竞争力，因而企业的商业秘密受法律保护，我国《刑法》明确规定有"侵犯商业秘密罪"。但要真正保护企业的商业秘密，难度却非常大，需要企业自身提高对商业秘密保护的重视程度，科学做好日常管理，而不能完全寄希望于刑罚的威慑力。有关商业秘密的性质，有部分人认为它属于知识产权的范畴，很多人对此不予苟同。

商业秘密和知识产权具有鲜明的区别，这也是商业秘密保护比较难的原因之一。商业秘密与著作权、商标权、专利权等知识产权最显著的区别是：商标等知识产权是国家确定的权利，而商业秘密是企业自己确定的权利。企业要主张商业秘密被非法侵害，首先要证明被非法泄露、使用的信息是企业的商业秘密。如果企业没有一套商业秘密保护措施和相关管理制度，则很难证明企业商业秘密权的成立，也就无法主张侵权了。

比如，A 酒店经多年积累和总结完善，整理了一套客户消费习惯信息。如果 A 酒店对该信息采取了保密措施，A 酒店就取得该信息的商业秘密权。一旦有人将该信息对外泄露或非法使用，A 酒店可以主张其侵犯了自身的商业秘密。但是如果 A 酒店没有对该信息采取保密措施，即使发现其他酒店在使用该信息，或离职员工将该信息用于新就职的酒店，也很难追究对方侵犯商业秘密的法律责任。因为 A 酒店没有采取保密措施，就很难证明确该信息属于其独有的商业秘密，无法证明其享有商业秘密权。既然没有"权利"，又何来"侵权"呢？

第三章

股权法律风险防控

企业内部管理法律风险防控是促进企业良好经营的重要内部因素，内部管理得当，企业在激烈的市场竞争中才会根基牢固，从而得以持续发展壮大。因此，企业内部管理的第一步就是要建立一套完善的内部风险防控体系，而建立完善风险防控体系的基础是股权法律风险防控。

18. "法人"不是"人"

我们经常听有人说，B是A公司"法人"。然而，根据《民法总则》的规定，"法人是具有民事权利能力和民事行为能力，依法独立享有民事权利和承担民事义务的组织"。因此，"法人"并不是"人"，而是组织。

事实上，所谓"法人"就是A公司，B的正确称谓应当是"法定代表人"。把"法定代表人"与"法人"两个概念混淆，就是将"公司"与"公司法定代表人"混同，将"公司法定代表人"视为公司的化身，这种认识是错误的。

首先，法定代表人是指依法代表法人行使民事权利，履行民事义务的主要负责人。根据《公司法》规定，法定代表人依照公司章程的规定确定，可以由董事长、执行董事或者经理担任。

其次，法定代表人对外代表公司。根据法律规定，法定代表人属于公司营业执照必须登记的事项，公司章程必须明确法定代表人，公司对外发行股票、债券等必须由法定代表人签署。

其三，根据《公司法》规定，股东（大）会是公司的权力机构，董事会是公司的执行机构，监事会是公司的监督机构，法定代表人并不享有实际的权力，仅仅是公司的对外代表。

那么，法定代表人到底重要吗？客观地说应该"既重要，也不重要"。说重要，是因为法定代表人是唯一不需要公司开具授权委托书，就可以对外代表公司的人，公司章程等重大文件必须由法定代表人签署才能产生法律效力。这就意味着，法定代表人对外做出的任何行为，即使没有股东（大）会决议，没有加盖公司公章，都可以对外产生法律效力，对公司具有约束力。说不重要，是因为在公司内部，法定代表人并没有实权，既不能推翻股东（大）会决议，也不能否定董事会决议。

19. 非货币出资可以不用评估吗？

根据最新的法律要求规定，公司以非货币资产出资不再强制要求进行评估。但是，如果不做评估，在日后上市和融资时可能会带来麻烦。对于非货币出资是否进行评估的问题，股东需要根据企业实际情况做出决策，不可人云亦云，了解一下非货币资产的以下特点，有助于股东做出正确决策。

首先，非货币资产的价值难以确定且不稳定，股东协议作价的弹性空间很大。即便委托评估，同一项非货币资产，不同的评估机构、依据不同评估方法、在不同的时间节点，所做出的评估结论，差额也可能会很大。

其次，虽然法律规定非货币出资不需要强制评估，但如果日后企业有上市或融资计划，证券和金融机构一般不会认可，出资时股东协议作价确定的非货币资产价值。因此，在上市或融资时，仍然需要对非货币资产进行评估。

其三，在出资时对非货币资产进行评估，可以避免股东虚假出资的嫌疑，避免在公司合并、分立、解散、破产时，股东被质疑虚假出资。

因此，如果股东以非货币资产出资，且日后有上市和融资意向，仍然建议在出资前进行评估，而且选定评估机构时应尽可能选择公信力高、在银行和证券机构注册的评估机构。

20. 确保注册资本的真实与充足

注册资本是公司存续、经营、承担债务的物质基础，是股东对公司承担责任的限额。因此，股东必须按照公司章程的约定，及时足额地履行认缴出资义务。股东在履行出资义务时常见的不规范做法有虚假出资、抽逃出资、出资瑕疵等。

虚假出资的例子很多，例如股东伪造出资凭证，将低价值财产通过协议或评估以虚高的价值出资。还有一种情形，名义上股东已经履行了出资义务，公司也实际占有了出资财产，但并没有将其产权过户到公司名下，这也属于虚假出资。

抽逃出资很好理解，就是股东向公司出资后，又非法地将公司资产流转到股东口袋里。例如，股东以土地使用权评估价2000万元向公司出资，出资后股东又通过虚假交易等方式，将该宗土地过户到股东名下。在正常情况下，资本应当由股东流向公司，而抽逃出资则是资本的逆向流动，由公司流向股东。需要注意的是，法律并不禁止股东和公司之间的正常交易，在股东与公司之间正常的商业往来中，公司向股东支付费用是合法的，受到法律保护。

因此，换一个角度看，抽逃出资往往表现为股东与公司之间的不规范、不正当、不合法的虚假交易，现实中很少有股东出资后，不做任何伪装就直接将出资转回自己口袋的情形。

出资瑕疵，是指股东出资的财产本身存在权利缺陷或出资行为本身不规范、不合法。例如，甲以土地使用权出资，但甲并未交清该宗土地的出让金，尚未取得该宗土地使用权；乙以房屋所有权出资，但乙向公司隐瞒了该房屋已经长租给第三方并已经收取了第三方租金的事实，从而导致公司在取得该房屋后，对该房屋享有的权利受到限制；丙以专利所有权出资，但丙没有将该项专利所有权过户到公司名下，或该项专利属于合作专利，丙以该专利出资未取得其他专利权人的同意。

21. 股权结构决定了公司的治理方式

公司股权结构与公司治理方式密切相关。许多民营企业的股权高度集中，老板宁愿对外举债也不愿意轻易放弃对公司的绝对控股权。有人对这种做法持批评态度，认为这种做法不符合现代企业治理的要求，没有充分利用社会资本，制约了企业的发展。然而，我认为这种批评有待商榷，至少是不够全面，因为股权结构与公司的治理方式密切相关，高度集中的股权结构所对应的是高度集权的公司治理。那么"集权"治理好吗？"集权"和"民主"孰优孰劣呢？

　　"集权"最大的优点是能够集中力量办大事，决策更高效；"民主"最大的优点是能够兼顾和平衡各方面的利益诉求，防止管理人员一意孤行。公司在创立初期或面对重大困难时，一定要"集权"，不能允许不同观点动摇公司既定的发展方向和目标；在公司已经有了一定发展和积累后，就应当适时建立起"民主"制度，对股权重新进行配置，避免公司误入歧途，内部矛盾激化。

　　有研究表明，凡是股权相对分散的初创公司，很难成功。因为在企业初创期，成功的关键因素并非财力、智力，而是毅力。初创公司的领导者，要具有在黑夜中找到方向，并带领团队向着这个方向前进的勇气和毅力。可能到天亮时发现，我们在黑夜中走了一些弯路，但如果允许团队在黑夜中喋喋不休地争论，反复讨论怎么走，则一定走不出黑夜。因此，初创公司应当股权集中，此时的"集权"并非坏事。

　　在设计公司股权结构时，一定要考虑到公司的发展阶段。如果企业处于初创期，即使很缺钱也不要轻易放弃对公司的股权，不能丧失对公司的控制力。如果企业已经在行业中具有一定的地位，进入稳定发展时期，需要进一步发展壮大，就应当适时引进新的投资人，优化公司的股权结构，建立起现代民主的公司治理结构。

22. 名义股东与实际股东的争议

根据法律规定，公司股东信息应当在工商部门登记并向社会公开，以便于公众知晓，但有时候工商部门公示的股东并非实际股东，这种情况会给公司管理带来一系列风险。公司登记的股东与实际股东不符，主要存在以下两种情况：

第一种，实际股东不便公开自己身份，找别人代为持股。例如，实际股东是公务员、外籍人士等，受到法律法规的限制不能成为公司股东。在这种情况下，公司股东名册登记的股东并没有实际出资，也不享有股东权利，只是公司的"名义股东"。实际股东为保障自己的权益，为防止股权白白丢失，一般会找自己信任的人做"名义股东"。

第二种，股权转让后没有及时办理股权变更登记。例如，股权虽然已经转让，但由于受到限制转让的约束，不能及时为新股东办理股权变更，或者虽然股权转让获得了公司认可，但没有办理工商部门股权变更登记。

在上述情况下，如果"实际股东"与"名义股东"发生纠纷，公司到底应该如何处理，才能避免公司经营受到影响呢？

首先，我国《公司法》中没有关于"隐名股东"的规定，但在司法实践中法院却有条件地承认"隐名股东"。因此，即使工商登记上没有将实际股东登记在公司工商档案信息当中，但其有充分证据证明是实际股东的，法院仍可能判决承认其股东身份。

其次，股东身份的认定可以分为对外股东身份确认和对内股东身份确认。对外，股东身份应当以工商登记公示为准，工商登记中是谁，谁就是股东。对内，股东身份应当以公司股东名册登记为准，如果没有被登记到公司股东名册中，公司则不认可其股东身份。

其三，如果"名义股东"与"实际股东"之间发生争议，公司最好先暂停争议股东的部分股东权益（例如股东分红权），而且公司应避免对股东身份争议直接作出认可或不认可的决定。

23. "干股"是什么？

我国《公司法》中没有"干股"这个概念，所谓"干股"

并不被法律所认可。那么，什么是"干股"呢？干股通常是指没有实际出资而获得的股份。由于干股股东没有实际出资，因此"干股"又被称为"虚拟股"。

例如，A公司注册资本100万元，股东B、C是夫妻关系，各占50%股份，D是A公司的骨干员工。A公司为保留人才，决定给D以10%的A公司"干股"。此时，D实际上获得的仅仅是A公司10%股权所对应的股东分红权益。因此，"干股"的本质并不是股权，而是一项与股权相关的收益权。

由于"干股"股东不是真正的股东，不可能掌握公司真实的盈利情况，那么所谓的"按股权比例分红"，只能依赖"干股"股东与公司实际控制人之间的相互信任。有的公司为了让员工更忠诚地为公司服务，会和员工签订"干股协议"。在这种情况下，"干股"股东仍然不是真实股东。

有的公司则更进一步，将股权无偿划转给员工，并办理股权变更登记，但同时又对员工取得的股东权益设置重重限制。这种情况下，"干股"股东虽然没有实际出资，但应当认定其是公司实际股东。对于公司无偿划转给员工股权的行为性质，到底属于赠与还是奖励，仍值得商榷。

24. 股东享有哪些权利？

股东是公司的所有者，董事是公司的管理者，监事是代表公司对股东和董事进行监督的监督者。

股东的权利主要包括：通过在股东（大）会行使表决权，参与公司的决策管理；优先认购新股或其他股东转让的股权；知情质询权；请求强制解散公司；股东代表诉讼；取得股东分红收益。

股东参与公司决策管理的主要途径是出席股东（大）会，行使表决权。在公司中"股大权大"，很少出现小股东欺负大股东的事情，因此这里重点讲一下小股东的权利。

小股东值得关注的第一项权利是表决权。小股东虽然股权比较少，但如果小股东的表决权运用得当，在公司中也可以发挥出很大的作用。例如，A 公司有 B、C、D 三个股东，股权结构为 B 占股 50%、C 占股 45%、D 占股 5%。根据公司章程，A 公司一般事项需股东会过半数表决权通过，重大事项需要三分之二以上表决权通过。D 股东的股权虽然是最少的，但如果 B、C 股东发生分歧，D 股东的表决权就成为至关重要的关键少数了。在一般事项表决中，如果 D 股东支持 B 股东，B 股东的提案就可以通过，如果 D 股东支持 C 股东，C 股东就可以与 B 股东相抗衡。

小股东第二项值得关注的权利是知情质询权。在有限责任公司，小股东有权查阅和复制公司章程、股东会记录、董事会决议、监事会决议和财务会计报告；在股份有限公司，小股东有权查阅章程、股东名册、公司债券存根、股东大会记录、董事会决议、监事会决议、财务会计报告。小股东有权对公司经营提出建议或质询，有权知悉董事、监事、高管的薪酬，在召开股东（大）会时，有权要求董事、监事、高管列席股东（大）会接受质询。

小股东值得关注的第三项权利是股权回购请求权。虽然同一家公司的股东有着共同的利益诉求，但有时在具体事项中小股东的诉求会与大股东并不一致。然而，根据"股大权大"的表决权设定，如果小股东的股权不足以影响股东会决议的通过，小股东的不同意见就毫无意义，长此以往小股东的投资必然是失败的。对此，法律给予小股东了一条救济渠道——股权回购请求权。

我国《公司法》规定，有下列情形之一的，对股东会该项决议投反对票的股东可以请求公司按照合理的价格收购其股权：一是公司连续五年不向股东分配利润，而公司该五年连续盈利，并且符合本法规定的分配利润条件的；二是公司合并、分立、转让主要财产的；三是公司章程规定的营业期限届满或者章程规定的其他解散事由出现，股东会会议通过决议修改章程使公司存续的。但必须注意的是，自股东会会议决议通过之日起六十日内，股东与公司不能达成股权收购协议的，可以自股东会会议决议通过之日起九十日内向人民法院提起诉讼。小股东行使股权回购请求权时，一定要在法定期限内提出。

小股东值得关注的第四项权利是强制解散公司请求权。如果公司经营管理发生严重困难，继续存续会使股东利益受到重大损失，通过其他途径不能解决的，股东可以请求法院解散公司，但必须由持有公司全部股东表决权10% 以上的股东提起诉讼。

25. 善待小股东，保障小股东合法权益

小股东虽然在企业中占股不多，但对于企业发展有着不可或缺的重要价值，相当于人体所需的"微量元素"。在人体中，维生素等微量元素按质量在人体中所占的比例非常小，但任何一项微量元素的缺失都会造成人体不适，甚至危及生命健康。同样的道理，小股东虽然在企业中占股不多，但他们对于企业发展有着不可或缺的作用。保障小

股东合法权益，是维持企业正常运行的保障，在企业中需要有不同意见、不同观点，从而为企业的决策提供更多参考和建议，保障企业的健康运行。

保障小股东合法权益，才能激活小股东的活力。小股东一般由以下群体构成：第一类，大股东的亲友；第二类，追随大股东创业的团队骨干；第三类，引入的战略投资人、高精尖技术人才；第四类，以股权激励方式吸纳的公司员工。上述四类小股东，对于公司的发展都有着不可或缺的关键作用。善待小股东，保障小股东合法权益，才能让小股东对公司更为忠诚，增强公司内部的凝聚力，给团队骨干以努力奋斗的动力，给引入的战略投资人和高精尖技术人才以施展才能的平台，给优秀员工实实在在的激励。相反，如果大股东无视小股东权益，侵犯小股东合法利益，虽然可以获得短期的利益，但最终的结果可能是亲友离心离德、团队貌合神离，所引入的战略投资人、高精尖人才因没有施展平台而四散离去，员工对企业则失望至极。

26. 股东与董事是什么关系?

公司是"人力"和"资本"结合的产物，股东是"公司出资人"，董事是"公司管理人"。最好的"股东"应当是只出钱，不管事，就像上市公司的股民；最好的"董事"应是只做事，不贪权，就像诸葛亮一样，为"蜀汉公司"鞠躬尽瘁、死而后已。股东，要维护股东的利益；董事，则要维护公司的利益。

根据《公司法》规定，并不要求股东必须成为公司董事，直接管理公司。股东可以作为董事直接参与公司管理，也可以委派更专业的管理人作为董事，进入董事会参与公司管理。如果一个人既是公司"股东"又是公司"董事"，那么在参与公司管理时，可能会遇到"角色冲突"。

虽然在大方向上，股东利益与公司利益是一致的，但具体问题上可能会有所冲突。例如，公司引入新的投资人，这可能符合公司的利益，但必然会削弱原有股东的股权，可能并不符合原有股东的利益。

27. 收购公司股权之前，要做好尽职调查

股权并购是企业做大的一条捷径，公司在发展到一定规模后，就可以适时考虑通过股权并购整合产业链，将企业做大做强。但收购公司股权也隐藏着巨大风险，应当清

楚知道自己买到的企业或者股权是什么、性质如何，这就需要做好尽职调查。在企业并购尽职调查中应当重点查明以下信息：

第一，企业对外债务、债权、资产状况。广州标致是法国雪铁龙在国内较早成立的一家合资汽车公司，由于经营不善，最后法国雪铁龙将其在广州标致的股份以一美元的价格卖给了日本本田。这么便宜，谁没有一美元呀，但能买得起的却没有几家。因为一美元的背后是巨额债务，一美元受让后本田可能需要偿还几亿元的债务，还需要花费几亿元将整个企业盘活。因此，在股权受让时不要仅仅盯着企业的正资产，更应该关注的是其负资产。

第二，企业特许经营情况。有些企业的经营项目属于特许经营项目，股权转让涉及到政府审批，同时还涉及到后续特许经营权的有效性和特许经营合同的履行。如果受让股权后，特许经营权被政府撤销或特许经营合同在履行中已经出现了问题，受让方很可能竹篮打水一场空。

第三，企业在建项目情况。股权转让的对价是基于对项目公司价值的评估，在建项目的建设情况、项目何时竣工投产、竣工投产后的预期收益等，都是受让方评估项目公司价值的重要因素。因此，在尽职调查中受让方要调查核实，项目公司在建项目建设进度、项目付款情况、何时能够完工、何时能够通过竣工验收、竣工验收的程序及所需时限、项目何时能够投入商业运营、商业运营后的预期收益等信息。对于一些环保项目，还需要调查了解政府规划变更调整情况，环保标准和政策变化情况，涉及政府补贴的项目还需要了解政府补贴政策变化情况等。

第四，员工待遇、富余人员安置和社保、税费等情况。股权变更后，新股东少不了需要对项目公司的人员岗位出调整，必须要查清项目公司原有人员情况，从而决定后期人事调整方案，对富余人员做出妥善安置。此外，对于项目公司是否拖欠员工社保，是否拖欠税费等，也应当调查核实清楚。

在上述尽职调查的基础上，聘请专业律师团队针对项目公司在合同履行、人事管理、业务运营、社保及税费缴纳、涉诉纠纷等方面做出法律风险评估。根据尽职调查和法律风险评估建议与股权转让方展开谈判，对不确定、有争议的事项，可以搁置争议，但必须要求股权转让方做出承诺和担保。

28. 收购股权不要急，最好设立过渡期

在房屋出租合同履行中，出租一方最大的法律风险是

什么？许多人的回答是承租人不付租金。我认为不是，最大的风险是，承租人消失了，但屋里放着文件、字画、票据、保险柜，而此时如果无法联系上承租人，该怎么办？如果屋里还有一个病在床上、神智不清的老太太，又该怎么办？

同样道理，在股权收购中最大的风险不是出让方不为受让方办理股权过户，也不是不移交公司文件、印章，最大的风险是，当受让方如愿成为股东后，发现原来公司机械设备是融资租赁来的，业务电话是老板个人申请的，或者冒出了几笔未披露的债务。

总而言之，无论尽职调查做得多么细致认真，无论股权出让方做了多少担保和承诺，可能总会有一些风险和意外仍然是受让方所想不到的。因此，在收购股权时，双方在签订框架协议后至签订正式股权转让合同前，最好共同设定一个过渡期。过渡期的作用是：第一，受让方先行介入项目公司管理，以便于深入了解项目公司的真实情况，熟悉项目公司的具体情况，及时发现疏漏的问题和风险；第二，实现股权和项目公司管理权的平稳过渡；第三，过渡期相当于婚前的恋爱期，在过渡期双方并没有签订正式股权转让合同，如果过渡期内发现问题太多，可以及时终止收购股权，避免损失扩大。

29. 收购股权过程中的文件资料和印章移交

在公司并购中，股权转让后项目公司的管理权也应该进行移交，因此在股权变更过户的同时，新旧股东之间也要办理公司文件资料和印章的移交。在文件资料和印章移交过程中，应当注意以下几点：

第一，在文件移交过程中，移交清单中必须注明移交文件的名称、签署日期、数量、是否原件、页数、签署人员和文件来源。

第二，文件移交不仅要移交已经生效、正在履行、未履行的文件，也要移交未生效、已废止、履行完毕的文件资料。

第三，移交文件没有原件或者有破损、涂改等异常情况时，必须特别注明。

第四，印章移交时应当移交项目公司所有印章，包括公司公章、财务专用章、合同专用章、发票专用章、项目部印章等。印章移交时，应当留存印文，由移交和接管人员签字确认，并注明印章刻制和启用时间，原印章管理人及管理的时段。

第五，文件和印章移交应当由移交一方做出穷尽声明和承诺，保证已经移交了全部文件和印章，如有遗漏，所产生的一切纠纷由原股东承担责任。

30. 有限公司的股权对外转让，应当受到限制

有限责任公司股东之间的相互信任，是保证公司稳定和发展的基础。因此，有限责任公司股东对外转让股权应当受到一定限制。根据《公司法》的规定，有限责任公司股东转让股权时，应当优先转让给内部股东，但此项约定过于笼统，有待于进一步细化。有限责任公司的股权可能会因为以下原因，而被动地发生股权变动。

第一，股东离婚。根据《婚姻法》的规定，婚姻期间所得属于夫妻共同财产，配偶一方婚姻期间取得的股权当然属于夫妻共同财产，配偶另一方有权主张分割股权。

第二，股东死亡。根据《继承法》的规定，股东死亡后，其股权作为遗产应当由被继承人继承取得。除此之外，股东将股权赠与或遗赠第三人，也可以产生相同的法律效果。

第三，股东被强制执行。股权属于股东名下财产，法院强制执行时可以对股权强制执行。

第四，股东将股权质押给债权人。根据《担保法》规定，质押权人有权通过对质押股权的执行而优先受偿。

综上分析，在股东因离婚、死亡、赠与或遗赠而造成的股权变更的情况下，如何维持有限公司的"人合性"，法律没有做出具体明确的规定。对此公司可以通过公司章程约定予以明确，在保障继受股东的股东收益权同时，对其股东表决权加以限制，在配合法院强制执行、保障股权质押得以实现的前提下，通过股东受让、公司回购等方式，维持有限责任公司的"人合性"。对此法律没有明确规定，公司可以通过章程等文件约定予以弥补，以防止股权外流，维护公司的稳定。

31. "股权"并不完全等同于"表决权"

前面讲过，有限责任公司是"人合公司"，有限责任公司制度设计以维持股东之间的"人合"关系为前提，这是有限责任公司稳定的基础。股份公司是"资合公司"，股份公司的制度设计以维护"资合"关系、保障股东股份的自由流动为前提，这是股份公司稳定的基础。如果股份不允许自由流动，就没人会投资股份公司了。

公司的权力机构是股东（大）会，股东（大）会一般的表决原则是"股大权大"，谁出钱多，谁股份多，谁就享有更多表决权，但这也不是绝对的。

股份公司是"资合公司"，"股大权大"是基本原则，不能变通。有限责任公司是"人合公司"，根据《公司法》第四十二条规定，股东按照出资比例行使表决权，但允许公司章程另有规定。

因此，在有限公司章程中可以对股东的表决权做出不同约定。可以限定某些股东的表决权，例如限定继承、离婚取得股权的股东的表决权；可以提高某些股东表决权的权重，例如公司创始人虽然所占股份不多，但他是公司的灵魂人物、精神领袖，可以约定其表决权权重比其他股东大，以维护他的领导地位；可以限定或取消某些股东的表决权，例如在某类特殊事项上可以限定某些股东的表决权，有些股东出现某些有损公司利益情形后，也可以取消其享有的表决权。

法律赋予有限责任公司可以对股东会表决权作出特别约定，是期望公司能够在管理上进行创新，制定出更适合公司发展所需要的权力分配制度。有限责任公司在制定公司章程时，应当充分利用好法律的授权，特别是有意创业但自身缺乏资金的发起人股东，充分运用好《公司法》第四十二条规定，保障其在公司中的领导地位，避免被资本挟持。

32. 在公司中持股多少才算比较合理？

大多数人对于股权的关注点仅限于"谁是大股东"或"谁是控股股东"，而没有注意到所谓的"大"和"控股"都是相对的。在公司中，大股东并不一定"大"，在股权分散的股份公司中，5%的股份也许就是大股东，控股股东也并不一定就能"控制"公司，只是对公司相对更有控制力而已。

在公司中应当持有多少股份，需要考虑的是股东入股的投资目的。如果三人成立一家公司，都希望成为大股东，最终形成的结果可能是甲持股34%，乙、丙各持股33%，这家公司日后的运营很可能陷入僵局。因为根据公司章程规定，一般事项必须过半数表决权通过，重大事项必须超过三分之二表决权通过。这意味着，无论是一般事项，还是重大事项，甲都没有独立的决策权，任何事项的决策均取决于乙和丙任何一方的态度。如果甲与乙、丙中一方结成稳固的联盟，则可以保证公司运营的稳定，如果乙和丙在不同事项上左右摇摆或充当"和事佬"，这家公司将会向一条没有舵手的船一样随波逐浪，必然无法完成远航。

那么在一家公司中持股多少才是比较合理呢？需要考虑清楚以下问题：

第一，持股比例要避免使公司陷入僵局。股东在考虑持股比例时，要查看公司的表决权约定，保障公司发起人股东对公司一般事项享有决策权，避免使公司经营陷入僵局而错失机遇。

第二，股东持股比例应当与股东的投资目的相一致。如果股东对公司所处行业不了解，缺乏相关企业的管理经验，建议持股比例尽可能少一些，可以避免外行指导内行，对公司决策造成影响，也便于出现不利情况时随时退股，防止损失扩大。

33. 按期履行投资者的清算义务

公司的生命始于注册成立，终于公司注销。大多数人只关注如何成立公司，而忽略了如何办理公司注销，对公司不办理注销的法律风险也认识不足。有人认为如果公司不从事经营、不年检，就会被自动注销。而实际上，公司注册由"实缴制"改为"认缴制"后，有关公司注销的管理越来越严格。

首先，公司不依法办理年检的法律后果是"吊销"而非"注销"。"吊销"的法律后果是，使公司不能够再从事生产经营活动，相当于一个人变成了废人，但过了八年、十年这个"人"还活着。

其次，公司被"吊销"后无论多久，都不可能转为"注销"。有人认为，公司被吊销营业执照三年后，就自动注销了，这种说法也是错误的。法律上自然人失踪四年后可以宣告死亡，但法律上没有规定公司被吊销后，可以宣告注销。

第三，公司不办理注销，存在很大风险。有一家房地产公司以股权转让的方式获得了一块土地，用于房地产开发，并付清了全部股权转让款。此后，这家股权转让的项目公司成为一家空壳公司，没有任何生产经营活动，但并没有办理注销。2017 年税务机关在稽查时发现，项目公司曾以土地使用权出资与另一家企业合资设立了一家房地产销售公司，但没有缴纳所得税，要求其补缴。房地产公司虽然愿意补缴，但实际上税款已经无法补缴，因为股权转让时，房地产公司只盯着这块地，并没有与原股东办理财务资料移交，项目公司所有的财务资料已经被原股东销毁。但是，现在房地产公司是项目公司的股东，需要对此承担法律责任。在本案中，如果房地产公司及时注销项目公司，就不会有后面的问题了。

再举一个例子。甲、乙二人成立丙公司，注册资本1000万元，双方各认缴500万元。丙公司成立后没有业务，甲、乙二人也没有及时办理公司注销手续，任由其自生自灭。某日，甲与乙商议，准备以丙公司的名义做一笔业务，风险和收益均由甲独自承担和享有。在该笔交易中，甲造成对方损失100万元，但是丙公司和甲都没有可供执行的财产。此时，一旦丙公司破产，对方就可以追加乙为被执行人，要求其在认缴出资范围内承担责任。

34. 谨慎签署"名为转让，实为质押"的合同

根据《股权出资登记办法》的要求，非上市公司拟股权出质时，应当向工商部门办理股权出质登记。但有些贷款人却以保障出借资金安全为由，要求借款人将股权短期过户到其名下，待借款人还清借款本息后，再赎回股权。这种操作并非个案。按照常理，贷款人这种做法仅仅是为了保障其能顺利收回借款本息，而非取得公司股权，且根据双方协议约定，即便贷款人"假戏真做"企图取得股权，借款人也有机会要回股权。

但实践中却有一种非常狠毒的做法。贷款人以发放贷

款为诱饵，骗取借款人将股权过户到贷款人名下，然后以借款人违约为由，拒绝发放后续借款，切断借款人资金来源，对借款人实施讹诈。遇到这种情形，借款人几无还手之力。首先，借款人很难在短期内筹集到资金，赎回"实为质押"的股权。其次，借款人也没有时间和贷款人打官司。第三，即便项目公司的经营陷入困难，出质股权价值大幅减少，贷款人也不会有损失。如果借款人陷入破产境地，贷款人则有机会以低廉的价格实际取得借款人的股权。

因此，股东轻易不要与贷款人签订"名为转让，实为质押"的股权质押合同，虽然根据已有的司法判例，即便借款人据此将股权过户给贷款人，仍然有机会要回股权，但如果贷款人借机对借款人实施讹诈，借款人将毫无办法。

第二篇

企业经营篇

第二章

经济合作

第四章

人事法律风险防控

近年来，我国的劳动法体系在不断的司法实践中日趋完善，随着对劳动者权益保障体系的完善，对企业在劳动人事管理方面也提出了更高的要求。大型企业不仅经济实力强，能够给予劳动者更好的薪酬、劳动保障和福利，而且一般都有专职的人力资源部门或人力资源专员。然而，对于中小企业而言，在薪酬待遇上往往难以和大企业相提并论，在劳动人事管理上也很难像大企业一样做到岗位职责明确、管理制度细致规范。因此，中小企业如何在不增加管理成本，保持用工灵活性的同时，遵守《劳动法》相关规定，避免劳动用工法律风险，就是一个需要具体分析、深入思考的难题。

35. 为什么称劳动者为人力资源？

　　企业是以营利为目的的经济组织，但如何才能获得营利、获得财富呢？恩格斯曾经说，"劳动和自然界在一起，它才是一切财富的源泉，自然界为劳动提供材料，劳动把材料转变为财富"。恩格斯解开了财富的秘密，也就是"劳动＋自然界＝财富"，"自然界"对应的是"自然资源"，"劳动"对应的是"劳动者"，所以才把创造财富的"劳动者"称为"人力资源"。

　　任何资源都是有限的，要想源源不断地获得资源，就不能竭泽而渔，应当为资源的再生产提供保障。按照马克思主义政治经济学的观点，劳动者得到的报酬除了维持自身生存外，还要能够养活老婆孩子、教育培养孩子，从而保证有源源不断的合格劳动者产生。

　　既然"劳动者"是"人力资源"，人力资源管理就应当做到以下两点：

　　第一，开发人力资源。企业人事管理工作应当将劳动者的积极性、主动性调动起来，使其能力素质得到最大程度的发挥，为劳动者搭建一个提高和晋升的公平的职场竞争平台。

第二，保护人力资源。企业人事管理工作应当尊重、爱护劳动者，保障劳动者合法权益，给予劳动者合理报酬，重视劳动者的合理诉求，关心劳动者的自身困难，给予劳动者集体关怀，使其对企业有归属感。

36. 工会是构建和谐劳动关系的基石

我国的工会和西方国家的工会是完全不同性质的组织。西方国家的理论认为，企业中存在"资方"和"劳方"，劳资双方是对立关系，工会是"劳方"团结起来对抗"资方"的组织。我们国家的理论不认可"劳资对立"的观点，认为"资方"和"劳方"有着共同的利益，两者之间应当建立起和谐共生关系（见《劳动合同法》第一条），而工会的作用就是"推动构建和谐劳动关系"（详见《中国工会章程》总则）。

因此，当我们看到沃尔玛在中国拒绝成立工会的新闻时，很多人笑了。当看到中国铝业在秘鲁投资的企业积极成立工会，被工会搞得焦头烂额时，很多人又笑了。

中国工会对企业人力资源管理是利大于弊，如果没有工会，人力资源管理的许多工作将难以开展。例如，《劳动合同法》规定，企业制定涉及劳动者权益的规章制度，需要与工会协商；企业裁员必须向工会说明情况，听取工会意见；企业单方解除劳动合同应当事先通知工会等。如果企业没有工会，就只能与职工代表或全体职工协商，这会是一件非常困难的工作。

因此，工会是构建和谐劳动关系的基石，在企业人力资源管理中有着不可替代的重要位置。

37. 劳动法赋予企业的权利，许多企业却视而不见

有观点认为，在劳动关系的双方中，国家只保护劳动者利益，没有赋予企业一点权利，企业在劳动关系中已经成为弱势一方。这种观点有失偏颇，《劳动法》中之所以用大量篇幅规定劳动者的权益，是因为在劳动关系中，绝大部分劳动者处于弱势一方，无法仅凭个人力量与企业争取其合法权益，所以需要国家通过法律明确劳动者的基本权益，对劳动者进行兜底保护。

在劳动关系中，企业作为雇主方对劳动者有管理权，

因而相对强势。《劳动法》只是从程序上限制了企业的管理权，并没有剥夺企业对劳动者的管理权限。

一些企业没有注意到《劳动法》在企业管理权程序上设定的限制，错误地认为企业怎么做都是错。在劳动仲裁、诉讼中，企业似乎永远是败诉方，错误地认为国家不保护企业，剥夺了企业管理权。

这种错误观点的形成是因为没有读懂《劳动法》。事实上，《劳动法》只是限制了企业管理权的肆意滥用，与此同时赋予了企业一项管理劳动者的"立法权"，《劳动合同法》第四条规定"用人单位应当依法建立和完善劳动规章制度"。例如，《劳动合同法》第三十九条规定，劳动者严重违反企业规章制度，企业可以解除其劳动关系，但什么是"严重违反"呢？法律没有明确。怎么明确界定"严重违反"的标准呢？企业可以运用《劳动合同法》第四条规定，自行明确什么是"严重违反"，这难道不是法律赋予企业的"立法权"吗？但许多企业没有看明白，反而埋怨"立法不够完善，没说清楚什么是'严重违反'"。

综上所述，《劳动法》并非只保护劳动者不保护企业，《劳动法》的目的是为了构建和维护和谐劳动关系，但要维护和谐劳动关系，一方面法律需要为劳动者提供兜底保护，另一方面法律需要授权企业对劳动者行使管理权，由企业根据其行业和企业特点，通过法定程序制定出相应的规章制度，对劳动者进行人事管理，但后面这层意思常常被人忽略。

38. 企业规章制度应当合法并向劳动者公示

法律虽然赋予企业享有劳动管理的"立法权"，但这项权利受到两个限制：第一，不能违反国家法律、法规的相关规定，国家法律法规显然是企业规章的"上位法"；第二，企业规章的制定也要像国家立法一样，依照法定程序，既要向涉及切身利益的职工征询意见，也要向职工进行公示公告。

一些企业的人力资源管理的相关规章制度非常完善，但在劳动争议中却不被仲裁机构和法院认可，主要问题就出在程序上不合法，制定后也没有向职工公示公告。向职工公示公告，不仅仅是将制定的规章制度张贴公开，还应当组织职工学习，使其正确理解。有的企业将规章制度作为劳动合同的附件，在劳动合同末尾注明有哪些规章制度，这种做法并不是符合法律要求的公示公告。

39. 劳动者拒签劳动合同，该怎么办？

《劳动合同法》第十条规定，企业应当在用工后一个月与劳动者签订书面劳动合同。《劳动合同法》第十四条规定，满一年不签订书面劳动合同，视为无固定期限劳动合同。《劳动合同法》第八十二条规定，满一个月未满一年不签订书面劳动合同，企业要向劳动者支付双倍工资。

《劳动合同法》对于企业不和劳动者签订书面劳动合同的规定非常严苛。因为书面劳动合同是保护劳动者合法权益的基础，没有书面劳动合同一旦发生纠纷，劳动者甚至不能证明劳动关系的存在。但许多人对此却理解不够到位。

如果劳动者不愿意签订书面劳动合同，该怎么办？实践中的确存在这种情况，有的是企业人力资源部门催促劳动者签订书面劳动合同，但劳动者因为意外或工作等原因迟迟未签订，有的劳动者是出于种种顾虑，不愿意签订书面劳动合同。无论哪种原因，如果企业主动要求签订书面劳动合同，但因为劳动者的原因没有签订，企业是否还要承担上述《劳动合同法》规定的不利后果呢？

因为主动签订书面劳动合同的责任主体是企业，劳动者因为任何原因而没有签订书面劳动合同时，都应当由企业承担责任。有人会继续追问：如果劳动者主动提出不签订书面劳动合同，该怎么办？正确的做法应该是，企业必须在一个月内将其辞退，否则企业仍然需要承担上述不利后果。

40. 试用期的作用是什么？

试用期的作用是什么？许多企业对此没有清醒认识，只知道试用期不需要向劳动者支付全额工资，支付 80% 的工资即可。这种认识是错误的，试用期不是廉价用工期。

在试用期，企业享有的最大一项权利是，可以随时通知劳动者解除劳动关系，而无需向其支付经济补偿金。因此，应当将"试用期"理解为"恋爱期"，不喜欢随时可以分手，两不相欠。在试用期内，企业不要指望劳动者能够给企业做出多大贡献，创造多大价值，企业应当利用试用期对劳动者进行全面考察，考察其品行、技能、性格、工作态度、团队意识等，从而判断劳动者在技能上能否胜任工作、是否接受公司的企业文化，从而决定是否留用其为正式员工。

如果企业贪图小利，将"试用期"当做"廉价用工期"，试用期满后才发现劳动者不符合企业要求，不能胜任岗位工作，此时无论调薪、调岗、辞退，都会非常麻烦而且成本很高。

41. 劳动合同并不能任意约定

对于民事合同，只要当事人你情我愿，可以自由约定，法律一般不做干预，但劳动合同却不能任由当事人"你情我愿"的约定，原因主要有两点。

首先，民事合同是平等主体间的合同，而劳动合同中企业和劳动者地位并不平等，因而国家需要通过立法，干预双方之间合同约定，这就是《劳动合同法》的主要作用。《劳动合同法》为企业和劳动者之间订立劳动合同作出了兜底规定，企业可以给劳动者提供高于《劳动合同法》的劳动待遇，但不能低于该标准。

其次，劳动合同并非只涉及到企业和劳动者之间权利义务，还涉及到公共利益。例如，涉及到对未成年人的保护、男女平等、社会保险、就业权等。

综上所述，订立劳动合同不仅要符合《劳动合同法》有关规定，还应当遵守《未成年人保护法》《妇女权益保障法》《社会保险法》等其他法律规定，在合法的基础上，企业和劳动者才能协商约定。因此，相较于其他民事合同，劳动合同能够自由约定的空间其实很小。

42. 为劳动者交纳社保，没有商量的余地

如果仅从经营成本的角度看，为员工缴纳社会保险对于企业是非常大的负担。按照法律规定，用人单位（包括中国境内的企业、个体经济组织、民办非企业单位等组织）与劳动者建立劳动关系，必须为劳动者办理并缴纳社会保险。事实上，许多小企业并没有能力为劳动者缴纳社会保险，社会保险的落实情况并不好。对于办理和交纳社保，一些企业和劳动者都有抵触心理。

劳动者有抵触心理，是因为劳动者关心的是可支配收入是多少，部分劳动者认为"羊毛出在羊身上"，缴纳社会保险后自己到手的可支配收入必然要减少。企业有抵触心理，是因为社保执法力度比较弱，如果企业在不降低职工可支配收入前提下，为职工缴纳社保，用工成本必然提高；如果因缴纳社保降低了职工可支配收入，与不为职工办理和缴纳社保的同行企业相比，在就业市场显然就失去

了竞争力。

于是就有人出主意，让员工写下书面承诺，不要求单位为其缴纳社保，将钱发给员工，由其自己缴纳社保，这样员工直接收到的可支配收入就不会降低，企业也可以免责。还有人出主意，让员工写申请，声明不愿意办理社保关系，要求企业给员工发放社保补贴，这样员工和企业达成默契，即使员工起诉企业未缴纳社保时，企业也可以拿这份声明主张免责。事实上，这些招法都是徒劳的，因为企业必须为员工缴纳社保，这是法律规定企业应负的法定义务，这一点没得商量。

因为这笔钱实际上是交给国家的，就像税收一样。社保资金由国家统筹管理和发放，职工缴纳的社保并非用于自己，而主要用于现在领取退休金的退休人员。如果大家都不缴纳社保，现在退休的人员怎么办？这是一个严肃而深刻的社会问题。

43. 高管也是劳动者

《劳动法》从整体上倾向于劳动者，将所有劳动者都假设为弱势群体。同时《劳动法》不承认企业中有"资方"

代表，将企业高管也同样视为劳动者，受《劳动法》保护。这就意味着，有的劳动者一不小心就会被扣工资，而有的劳动者却有权决定自己的工资待遇；有的劳动者天天担心被企业辞退，而有的劳动者却天天让企业担心其辞职。这显然是现行《劳动法》的一个疏漏之处，需要根据经济社会的发展不断完善。

根据《劳动合同法》的规定，企业高管只要提前一个月提交辞呈，就可以辞职不干。如果企业高管真这么干了，企业该怎么办？难道通过劳务派遣找一个人临时工顶替？这显然不行。因此，企业在制定人力资源管理规章制度时，要对劳动者加以区分，不能运用同一套规章制度来管理全体劳动者，针对普通员工、企业核心员工和高管等要制定出不同的管理规定。

44. 打听同事的工资收入，算不算违反劳动纪律？

员工的薪酬待遇是一个非常敏感的问题，有的企业（大多数是外企）不允许员工之间互相打听薪酬待遇，更有甚者将相互打听薪酬待遇列为"严重违纪"行为，一旦发生将会被企业辞退。曾有过一个真实案例，某企业的员工因打听同事薪酬，而被企业辞退。后来，经过劳动仲裁裁决认定，该企业辞退员工的行为是违法的，理由是《劳动法》规定劳动者应当享受"同工同酬"的劳动待遇，劳动者不了解同事的工资，如何才能监督企业是否依法执行了"同工同酬"的法律规定。

首先，每个人的工资收入属于其个人隐私，对此大家应该形成共识。其次，"同工同酬"并不是要求公司将全体员工的工资公开，企业只要做到"同工"适用同一套工资制度，工资构成、计算方法等公开透明即可。其三，没有任何法律法规规定，企业应当公开全体员工的工资，以便员工监督其是否做到了"同工同酬"。相反，企业如果未经员工同意公开了员工工资，则涉嫌泄露个人信息。

因此，某些企业规定，打听同事工资是"严重违纪"行为，但劳动仲裁却不支持这种做法。我们要问一下，那些将打听同事工资列为"严重违纪"行为的企业，你的法律依据和合理理由是什么？

45. 对员工严重违纪行为，并无法定标准

《劳动合同法》规定，员工出现严重违纪行为后，企

业可以将其辞退。但什么是"严重违纪"行为，法律并没有明确规定，对此有不同解释。有人认为旷工三天以上是严重违纪，有人认为上夜班睡觉属于严重违纪，这些说法都是错误的。法律为什么没有明确"严重违纪"的具体标准或者表现呢？因为认定"严重违纪"需要结合具体工作、具体岗位，脱离了具体实际，将无法给出一个"严重违纪"的统一标准。

例如，甲是安全防护员，在工作中突然想抽烟，就私自离开工作岗位 10 分钟。甲的行为很可能就构成了严重违纪，因为甲私自离开了 10 分钟，可能会危害到从事危险作业的同事的生命安全。

因此，企业在制定人事管理规章制度时，要对法律中没有明确的概念予以明确，在明确的同时最好能予以解释说明，切不可照抄法律规定，只是泛泛地规定"严重违纪，予以开除"，这样做很可能被认定为非法解除劳动关系。

46. 工资如何确定和发放？

有关工资发放问题，法律规定了三条原则：第一，最少每月发一次（非全日制用工，最长 15 日）；第二，必须使用货币，不能以实物等抵作工资；第三，工资标准不能低于当地最低工资标准。还有一个问题，奖金、津贴、补贴怎么发放？法律没有规定。

解答上面的疑问之前，先要搞清楚什么是"工资"。《工资支付暂行规定》第三条规定"工资是指用人单位依据劳动合同的规定，以各种形式支付给劳动者的工资报酬"。这个定义有点像循环定义，可以理解成"工资是工资"。然而，除此之外很难找到法律法规中有关工资的定义，似乎"工资"是一个人人皆知的概念。对工资要有正确的理解，工资其实就是企业以货币方式支付给员工的劳动报酬，所谓的奖金、津贴、补贴等统统属于工资，企业以非货币形式给予劳动者的福利等不属于工资。例如，企业按人均消费300元的标准组织年会，就不能算作是给员工发了300元工资。再例如，企业提供免费午餐、住宿等待遇，也不能算入工资。但是，如果企业以现金方式给员工发放每日50元的餐补，则应当属于工资。

造成大家产生错误认识的主要原因是，原来的企业绝大部分是国有企业和集体企业，国家以法律法规和部门规章的形式规范企业薪酬结构、计算和发放方法，因而出台了《关于工资总额组成的规定》等文件。然而，现在企业的主体已经转变为非公有制企业，有关工资计算、构成、发放等均应交由企业自行确定，法律应只做原则性规定，不做具体要求。

　　企业发放给员工的通讯补贴、交通补贴、加班费、差旅补贴、奖金等，无论名目如何变换，无论是一次性发放，还是每月两次发放，均属于工资。对于企业工资的构成、计算和发放，我有三条建议：第一，名目不要太复杂。名目复杂既不能减税或者免税，又不利于管理。第二，工资构成应当分为两大部分，一部分是员工旱涝保收的固定部分，另一部分是与员工绩效表现、企业效益等紧密关联的可变部分，而且在工资构成中，应适当加大与绩效相关的可变部分工资的比重。第三，工资制度应当公开、透明。让每个员工能够自己计算出自己的工资，既可以保障员工有一个公平的职场平台，也有利于员工自我改进自己的绩效表现。

47. 末尾淘汰制是否合法？

　　末尾淘汰制是国外许多大公司都实施的一项绩效管理方法。前通用公司 CEO 杰克·韦尔奇对于末尾淘汰制有过一段精辟的论述，他认为"让一个人待在一个他不能成长和进步的环境里是真正的'假慈悲'，在公司内部淘汰，他还有机会去寻找新的契机，如果放任自流，他最终很可能被社会淘汰，这才是最可怕的"。虽然末尾淘汰有利于锻造精兵强将、建立精英团队、激发员工斗志，但如何保障绩效考核结果的公平公正也是一个大难题。此外，末尾淘汰制度将员工置于你死我活的竞争平台上，也不利于员工相互之间的团队协作。

根据《劳动合同法》第四十条规定，企业如果想以绩效考核结果为标准辞退员工，只能是用绩效考核证明员工"不能胜任工作，经培训或调岗后仍不能胜任"。然而，末尾淘汰的规则却与"能否胜任"毫无关系，无论员工绩效考核结果如何，都只能以"仍不能胜任"作为辞退依据。

因此，末尾淘汰制违反我国《劳动法》的相关规定。如果企业不惜成本，仍然希望引入末尾淘汰制，建议思考一下末尾淘汰制是否符合自己企业所倡导的企业文化，切不可邯郸学步。

48. 劳务派遣假的多，真的少

在《劳动合同法》刚开始实施时，出现了很多假的劳务派遣。根据法律规定，劳务派遣必须坚持三个原则：

第一，临时性。临时性，是指存续时间不超过 6 个月。在目前的劳务派遣中，大部分都超过了 6 个月，在一些大型企业当中，劳务派遣工只要不出现工伤，只要本人愿意，连续干好几年都没有问题。

第二，辅助性。辅助性，是指劳务派遣工所从事的岗位，应当是为主营业务岗位提供服务的非主营业务岗位。什么是非主营业务岗位？加油员是否是主营业务岗位？一些加油站的加油员以前基本都是劳务派遣，现在好多改成了劳务外包。

第三，替代性。替代性，是指用工单位的劳动者因脱产学习、休假等原因，在无法工作的期间内，可以由其他劳动者替代工作的岗位。在现实中，这种情况几乎不存在。首先，这是正式工的岗位，如果临时离岗，企业一般会把其工作分摊给其他员工，或者从其他岗位借调一名正式职工临时代替，而非选择劳务派遣。其次，即便企业想通过劳务派遣解决岗位临时空缺，也几乎不可能找到合适的替代者。例如，公司的财务人员因病休假两个月，如果劳务派遣公司给派遣一名财务，两个月时间还不够其熟悉企业财务制度、财务流程。

目前，企业对于假劳务派遣已经形成了清醒的认识，政府机关、企事业单位，现在一般都不再使用劳务派遣工，而是将后勤保障等辅助性业务外包给劳务公司。

49. 企业能否对员工进行单方面的调薪、调岗？

员工到企业上班最基本的诉求就是工资，调薪显然属于对劳动合同的变更，根据《劳动合同法》的规定，变更劳动合同之前，需要企业与员工协商一致。《劳动合同法》对于调岗有明确规定，企业在两种情况下可以对员工调岗：第一，双方协商；第二，员工不能胜任原岗位。

有的企业在劳动合同中约定，企业可以根据生产经营需要对员工进行调岗、调薪，这类约定是否合法有效呢？

首先，需要明确企业对员工有管理权。如果企业原有业务停业或撤销，原岗位已经不存在，当然可以对员工进行调岗。调岗后，按照"同工同酬"的规定，工资也可以做相应调整。

其次，即便劳动合同中约定企业可以单方无理由对员工调岗、调薪，员工也签字确认这一权利，企业仍然不能无理由、任意对员工调岗、调薪，因为保障劳动者的劳动权益是《劳动法》的基本精神。

综上所述，企业根据生产经营需要，可以对员工调岗、调薪，但调岗调薪的理由不能超出法律规定，要合法合理。

50. 员工被治安拘留，公司能否解除合同？

如果员工因为赌博、吸毒、嫖娼、打架斗殴等行为，被公安机关行政拘留，企业能否单方与其解除劳动关系？

有的观点认为，可以解除。理由如下：第一，员工因上述行为被公安机关羁押，表明其行为是国家所不能容忍的，企业当然可以剥夺其工作机会，与其解除劳动关系；第二，员工因上述行为被羁押后，已经无法履行劳动合同，构成了违约，企业当然可以与其解除劳动关系。

有的观点却认为，不可以解除。理由如下：第一，赌博、吸毒、嫖娼、打架斗殴等行为虽然违反法律，但法律已经给予了员工相应惩罚，企业如果再落井下石将其辞退，不利于其改过自新，有违企业应承担的社会责任；第二，上述行为属于员工品性和道德问题，不能因此证明员工不能胜任工作，与其工作能力和工作表现无关，企业不能以此为由辞退员工；第三，员工在羁押期间不能履行劳动合同，是为了接受行政处罚或配合公安机关调查，是因非主观原因不能履行劳动合同，而非员工主观上故意不履行劳动合同。

根据《劳动法》第二十五条规定，员工只有在"被依法追究刑事责任"时，企业才能单方面与其解除劳动关系。员工因赌博、吸毒、嫖娼、打架斗殴等被行政拘留，属于因违法行为（而非犯罪行为）被追究"行政责任"（而非刑事责任）。因此，员工因上述行为被行政拘留，企业不能单方辞退员工。

还有一种情况，员工因涉嫌犯罪被刑事拘留或逮捕，企业能否将其辞退？

不能。因为任何人在法院宣判有罪之前，都应当推定其无罪，这就是《刑法》中明确的"无罪推定原则"。而且，《劳动法》第二十五条规定的是"被依法追究刑事责任"，即劳动者已经被生效判决认定构成犯罪，被追究了刑事责任。因此，员工如果因涉嫌犯罪被刑事羁押，企业只能暂停其工薪待遇，待法院作出生效判决后，再根据裁判结果决定是否辞退。如果员工被认定为无罪，对于停工期间损失，员工可申请获得国家赔偿，企业不予承担。

虽然企业不能因员工被行政拘留、刑事羁押而与其解除劳动关系，但并不妨碍企业基于同一事实，以其他理由辞退员工。例如，A公司是一家上市公司，B是公司高管，B因嫖娼被行政拘留。如果劳动合同中有约定，B如果因嫖娼、赌博等不良嗜好被追究法律责任，给A公司商誉造成损害，属于严重违纪，A公司可以此为由辞退B。在这种情况下，A公司可以辞退B高管。上市公司高管的个人品性的确会影响到公司的商誉。

51. 企业是否有权处罚员工？

企业是否有权对处罚员工？对于这个问题，大致有三种观点。

观点一：有权处罚。企业对员工有管理权，如果企业无权处罚员工，企业就无法管理员工。

观点二：无权处罚。企业虽然对员工有管理权，但不能处罚员工。因为员工的人身权受法律保护，任何个人或组织不得侵犯，企业不能因为员工违纪或工作失误，而对员工进行体罚、羞辱。企业也不能对员工处以罚款等经济处罚，只有行政机关有权依法对公民处以经济处罚，而且需要有明确的法律依据，并符合法定程序。

观点三：企业有权处罚员工，但不能侵犯到员工人身权，只能对其处以扣罚工资、奖金、停工等处罚。

我认为，第三种观点比较合法合理，理由如下。

首先，奖罚都是管理的手段，如果企业只能奖励员工，不能处罚员工，试想一下企业与员工的劳动关系将会变成怎样？虽然法律没有明确规定企业可以处罚员工，但法律也没有告诉企业该如何管理员工。因此，企业无权处罚员工的观点是错误的，但企业对员工的处罚不能侵害到员工的合法权益，不能违反《劳动法》相关规定。

其次，企业无权以体罚、羞辱等方式，侵犯员工人身权。曾有一个案例，山东某韩资企业体罚中国籍员工下跪，让很多人都感到愤慨。我们观看韩剧时会发现，在韩国企业中上级体罚下属似乎非常普遍，但中国没有这样的文化。企业对员工的处罚不能侵犯到员工人身权。

企业体罚员工是否绝对违法，应当结合实际情况进行具体分析，不能一概而论。例如，有的企业规定员工迟到10分钟以内，罚打扫办公室卫生，或者做10个俯卧撑，该处罚措施并未侵犯到员工人身权。

最后，企业对员工的"罚款"建议不要超过其当月工资的20%，且"罚款"后剩余工资应不低于当地最低工资标准。此处的"罚款"是一种通俗说法，并不是法律意义上的行政罚款或者罚金，同时企业对员工进行"罚款"时应注意以下几个问题。

第一，企业对员工进行"罚款"时应当有合法有效的企业规章制度为依据，如果企业对员工任意进行"罚款"，则会被认定为克扣工资。

第二，"罚款"的称谓很容易令人误解，企业"罚款"

的实质是"扣发工资"。根据《工资支付暂行规定》第十六条的规定，员工因本人原因给企业造成经济损失的，企业可以要求其赔偿经济损失，从其工资中扣除，但每月扣除不得超过其当月工资的20%，扣除后的剩余工资不得低于当地月最低工资标准。虽然该规定适用的情形是员工因个人原因造成了员工自己的损失，而非"罚款"，但企业可以参照该规定，制定处罚规定。

第三，企业对员工的"罚款"不能变质。企业对员工的"罚款"本质上应当是一项纪律管理、绩效考核措施，不能变质成为企业的一项收入来源。企业可以对员工的"罚款"进行专列账目管理，并将"罚款"全额用于员工奖励，做到"罚款"公开、透明，"罚款"的支出使用也公开、透明。

52. 辞退员工一定要遵照法定程序

企业辞退员工是一件非常困难的事，辞退一名员工其结果不仅会使该员工失业，还可能会切断一个家庭的收入来源。因此，企业辞退员工不仅要依据法定事由，而且要程序合法。辞退程序的合法要求，包括以下几点：

第一，辞退员工所依据规章制度的制定程序合法。规章制度的制定经过集体协商讨论，听取了工会或职工代表意见，向员工明示告知并组织员工进行了学习。

第二，辞退不能胜任本职工作的员工前，对其进行了培训或调岗，经培训或调岗后仍不能胜任。

第三，辞退严重违纪员工时，其违纪行为经本人确认，或直接向本人进行了告知和释明。

第四，辞退员工前告知了工会，并听取了工会意见，辞退通知向其本人进行了直接送达。

第五，辞退时明确通知员工，并向其告知了其享有的救济权利、辞退的法律后果、辞退手续办理规定等。

在劳动仲裁中，仲裁机构不仅要审查企业辞退员工的理由是否成立，还要审查辞退的程序是否合法。例如，有一家企业老板为了震慑其他员工，没有将辞退通知告知员工本人，而是在企业公告栏内公告。最终被劳动仲裁委员会认定，企业的行为是非法解除劳动关系。

第五章

财务法律风险防控

　　企业在经营过程中，应当加强对财务法律风险的防控，一旦财务上出现问题，将会直接给企业带来巨大损失。企业防控财务法律风险并不仅仅是某个部门的责任，而是应当将防控措施渗透到所有部门的工作中。例如，人力资源部门应当把握财务人员的入职考察关；业务部门在开展业务工作过程中，应严格落实企业的财务制度，遵守财务流程，及时向企业汇报财务状况；财务部门更是责无旁贷，是防控财务法律风险的最关键的一道屏障。企业财务法律风险主要集中在应收账款、财务支付程序、财务人员管理、财务账户管理、现金管理等方面。

53. 建立应收账款催收管理机制

一个企业如果只关注产品销售，却不关注货款有没有收回，只考核销售人员的销售额，而不考核其回款情况，必然会导致企业表面上红红火火，实际上大量应收账款无法收回，导致现金流转紧张，企业经营陷入困境。特别是对于一些比较成熟的行业，企业之间的竞争力差异就表现在哪家企业能够更快地拿到回款，哪家企业的资金周转率更高。例如，在房地产行业，企业之间的竞争就是开发周期和回款速度，如果一个项目拖延5年、6年，一直没有回款，项目利润将被贷款利息抵消，企业也就相当于为银行打工了。

一位著名的女企业家接管企业销售工作后，曾提出一条非常严格的规定：所有经销商必须限期付清欠款，日后提货也不能赊账。许多人都认为她疯了，这么做会把经销商赶跑，现在哪有现款拿货的经销商啊，这项规定会把产品的整个销售网络给毁了。然而，最后的事实却出乎所有人的意料，经销商们乖乖地把欠款还上了，也都深刻记住了这位新上任的"铁娘子"。

这位女企业家为什么要这么做呢？赊销，被认为是很多行业的惯例，所有厂家为了抢占市场都在向经销商赊销产品。这不仅存在于电器领域，在服装、饮料等领域也普遍存在。大家的逻辑是，要尽快抢占市场，把销量和规模搞上去，只要规模搞上去了，就有能力和下游供应链议价，让他们向我赊销原材料，还可以向银行申请到贷款，一切就都盘活了。不可否认，有许多企业就是这样做大的。但这种逻辑忽略了一个根本性问题——企业的根本目的是为了利润，没有利润的销售数据就像一个没有力气的虚弱的胖子，很容易患上各种疾病。一味地靠赊销冲击销量，当企业现金流出现困难时，决策者往往会错误地认为企业缺钱，从而向银行等机构大量举债，大量举债又会导致企业财务状况恶化，一旦应收账款不能及时收回，企业就有生命危险。

这位女企业家之所以要坚决果断地要求经销商补清欠款，并明确提出现款拿货，就是因为她认识到销售的问题出在应收账款太多，企业看上去规模很大，却是一种虚胖，必须趁现在有能力，及时解决这个问题。否则一旦银行收紧贷款，应收账款不能收回，企业就危险了。

因此，企业应当建议起应收账款管理机制，在拓展市场、扩大销量的同时，加强对应收账款的管理，将应收账款催收纳入销售业绩考核。收回应收账款就相当于足球比赛中的临门一脚，如果这关键一脚打偏了，前面的传球、突破再精彩都毫无意义。

54. 建立客户征信管理制度

企业与客户之间的互信，直接影响到交易的成本，进而影响到企业利润。互信关系不能靠推杯换盏建立，也不能只听信朋友介绍，互信应当建立在相互了解和交往之中。企业在与客户交往过程中，要为客户建立起征信档案。

对新客户要做必要的资信调查，收集其企业基本信息、实缴出资情况、财务状况、企业经营规模、商业信誉、涉诉纠纷等信息，据此作出初步的诚信评价，从而确定双方的合作方式。

对老客户也要做好诚信记录，在其初步诚信评价的基础上，添加上每次交易的信息，以及新收集的信息，及时发现客户在人事、财务、生产等方面发生的变化，并根据这些变化信息，对其诚信合作情况作出重新评价，以应对与其交易可能产生的风险。

"征信"是对一个企业（人）交易能力和履约情况的

记录；"诚信"则是对一个组织（人）是否诚实、守信的道德评价。一个企业（人）的"征信"好坏与其履约能力有关，而与道德水平无关，一个道德高尚人如果还不上银行贷款，他的征信就是差评，但他仍然是一个道德高尚、坚持诚信的人。因此，在对客户做征信记录时，一定要保持客观、公正的态度，避免掺杂感情因素。

55. 加强对营销人员的培训和管理

企业营销人员是企业的宝贵财富，再好的产品最终也需要通过销售才能实现其价值。企业营销人员也是非常辛苦的，他们是企业冲在一线，与同行直接竞争的人员，没有稳定的作息时间，也无法享受有规律的生活。企业在重用、信任营销人员的同时，也应当对营销人员在以下几个方面加强管理。

第一，加强对营销人员进行法律培训，增强其防范法律风险的意识。许多商业欺诈就是从企业销售人员下手的，任何人无论多么聪明，只要有利益诉求，都会给骗子以可乘之机。营销人员在对外交往中一直有非常明确的利益诉求——拓展客户，销售产品，如果他们缺乏相关法律知识和法律意识，将很容易成为骗子的猎物。

第二，加强对营销人员业务合规性审查。营销人员的对外行为代表的是企业，营销人员的收益与其业绩直接关联，如果营销人员为获得业绩，在业务活动中使用欺诈、贿赂等非法手段，不仅其个人要承担责任，企业也要承担相应责任，而且营销人员的不当和非法行为会严重损害企业的形象和商誉。因此，企业对营销人员的管理中，应着重做好业务合规性审查。

第三，加强对营销人员授权的监督管理。为了业务需要，企业有时需要给营销人员相应的授权，在对营销人员授权时首先应当明确授权权限，其次应当明确授权的有效期限，避免营销人员滥用企业授权，给企业造成损失。

第四，加强对营销人员的财务管理。企业原则上应当避免营销人员直接收取客户钱款，因特殊原因需要收取客户钱款时，营销人员在收取前应当向企业通报并获得授权，收取后应当及时上交财务、开具发票。

56. 规范财务专用章的使用

企业财务专用章应当专账专用，不得用于其他用途，有关财务专用章的使用应当注意以下几点：

第一，财务专用章替代公章使用，将存在巨大风险。从企业内部管理上讲，财务专用章不能当做公章使用，但如果企业用财务专用章代替公章或合同专用章对外使用，企业仍然需要承担相应的法律责任。因为只要财务专用章是真实的，其盖章行为就足以代表企业的真实意思表示，印章混用是企业内部管理混乱造成的，企业以此为理由，主张加盖财务专用章的文件无效，主张免除其法律责任，法院一般不予支持。

第二，财务专用章应当由财务主管人员保管，使用时应当做好登记，并留存盖章文件或文件复印件。

第三，根据《发票管理办法》规定，开具发票应当使用发票专用章，不能使用财务专用章。

第四，严禁在空白、信息不全的文件和发票上加盖财务专用章。

57. 谨防向收款人指定第三人付款的风险

在企业经营中，经常会遇到这种情况，收款人指令企业将款项付至第三人账户，对此财务人员应当注意以下几点：

第一，收款人委托付款时，必须当面出具指令付款的通知或授权。收款人不能当面出具指令付款通知或授权时，应当向收款人核实指令付款通知或授权的真实性，并保留书面凭证或录音，确定指令付款信息真实后再付款。

第二，根据收款人指令向第三人付款时，一定要确定第三人提供的账户与收款人指令一致，否则不得付款。

第三，向收款人指定的第三人付款时，应当用企业公户通过银行系统付款，并保留付款凭证。除非紧急或者特殊情况，不要使用微信、支付宝或其他第三方支付系统。

第四，付款前第三人应提供收款人开具的收款收据或发票，紧急情况下应当在付款后及时向收款人索要收款收据或发票。

最后强调一点，向企业的法定代表人、实际控制人等个人付款，也属于向第三人付款，也应注意以上风险。

58. 财务人员离职的注意事项

财务人员直接与钱和账打交道，财务人员离职对于企业而言属于重大人事变动，一定要保证交接过程平稳有序。在办理财务人员离职时，应注意以下几点：

第一，辞退财务人员应注意保密。辞退财务人员前，应做好保密工作，选定好接替人员，并事先对相关财务账目做好审计。

第二，财务人员离职时应严格、仔细办理好相关交接，无论任何原因或任何特殊理由，交接工作都不可草率办理。

第三，财务人员离职交接时，交接人员应当对凭证、文件进行登记，印章应留存印文，由交接双方签字确认。

第四，财务人员离职后，应及时书面通知相关业务单位及公司相关部门。

59. 明确会计和出纳的职责分工

企业无论规模大小，财务上都应当做到"钱账分管"，出纳管钱，会计管账。

出纳，顾名思义就是管"支出"和"收入"的，其主要职责是：管理货币资金、票据、有价证券的进出；办理现金收付、银行结算及有关账务；保管库存现金、有价证券、有关票据。

会计，有两层含义，既可以指根据财务相关法律规定，核对记账凭证、财务账簿、财务报表，从事经济核算和监督的一项工作，也可以指从事该项工作的人员。会计的主要职责是负责预算，负责内外一切账目及固定资产总账的账务处理；按照会计制度规定设置账目、审核单据，按照结账对账要求和实际情况，编制会计报表；管理和监督各项资金的收支；建立和管理财务档案。

企业内部出纳和会计人员在工作上应当相互配合、相互监督、相互制约，两者的职责应该分工明确，双方应当是协作关系，而非领导关系。

60. 建立企业内部审计监督制度

企业内部审计，是指由企业内部机构或人员，对其企业高管及下属部门履行职责的合法性、合规性，信息报告和披露的真实性、准确性、及时性，财务信息的真实性、完整性、合理性、合规性等进行的审计评价活动。企业内部审计有利于企业及时发现问题，改进管理和各项工作，防范财务风险的发生。企业内部审计监督，有助于促进企业合法经营和廉政建设，依法保障股东权益，规范企业管理，改善企业风险管理，提高经济效益，促进各项经营管理工作的健康发展。

企业内部审计人员应当具备以下条件：具有会计、审计以及与企业生产和经营管理相关的专业知识；能熟练运用内部审计标准、程序和技术；熟悉与企业生产、经营、管理活动相关的国家法律、法规和政策；熟悉企业内部控制制度和程序；具有较强的组织、沟通协调、调查研究、综合分析、专业判断、计算机操作、语言和文字表达能力。

内部审计负责人必须是专职人员，公司各级内部审计部门应采取灵活的审计方式，按照直接审计与间接审计相结合，内部审计与外部审计相结合，报送、就地、委托或授权审计相结合，联合审计与分级审计相结合的方法，认真履行审计工作职责，及时披露公司的经营和管理风险。

内部审计监督部门应当保持独立性，不得置于财务部门的领导之下或者与财务部门合署办公，以保证内部审计监督的公正性和独立性。

第六章

合同法律风险防控

　　合同，是当事人单方或双方之间设立、变更、终止民事法律关系的协议。企业所有的生产经营活动，换个角度看都是设立、变更、终止某种民事法律关系。企业设立时，股东之间会签订发起协议；企业贷款时，企业与出借人形成借贷合同关系；企业采购生产资料时，与供应商形成买卖合同关系；企业销售商品或提供服务时，与购买方形成销售或服务合同关系……因此，企业经营的法律风险，更多的是以合同风险的形式表现出来，防控合同风险是防控企业法律风险的重中之重。

61. 合同是法律关系，而非一纸文书

许多人包括一些从事法律工作的人，对"合同"往往都存在一些狭义的理解，将"合同"等同于"合同书"，认为"合同就是一纸写着双方权利义务的文书"。这种观点是合同管理中的大忌，我们首先应搞清楚什么是"合同"。

合同，从字面理解就是"意思表示一致"，只要"意思表示一致"，即代表合同成立。绝大多数情况下，法律法规并没有明确要求合同必须采用书面形式。事实上，绝大多数合同都不是通过书面形式缔结的。例如，在超市买菜，我们并没有和超市签订蔬菜购买合同；乘坐地铁时，我们也没有和地铁公司签订旅客运输合同。因此，合同的关键并不在于书面形式，而在于"意思表示一致"。在管理合同过程中，一定要清楚认识到什么是合同，没有书面合同书并不表明双方没有合同，也并不表明双方合同关系没有成立。

62. 为什么要签订书面合同？

既然合同可以是口头等其他形式，我们为什么还要签订书面合同呢？因为"口说无凭，立字为据"。书面合同存在的唯一目的，就是为了防范和解决合同纠纷。

基于"合同必须采用书面形式"的错误认识，许多人认为只要签订了书面合同，就万事大吉了，而不注意合同条款的法律含义，不重视后期的合同履行，直到发生纠纷后才发现，原来自己签订的合同是一份"卖身契"。

再次强调一遍。我们签订书面合同就是为了防范和解决合同纠纷。如果不发生合同纠纷，书面合同书的确没有实际价值，等同于一张废纸；如果签订的书面合同书不能防范和解决纠纷，也等同于一张废纸。

63. 合同的灵魂是契约精神

"契约"一词来源于拉丁文，原义为交易，其本义是一种契约自由的理念。契约精神是指在商品经济社会中，由交易派生的契约关系与内在原则，是一种自由、平等、守信、救济的精神，契约精神不是单方面强加或胁迫的霸王条款，而是各方在自由平等基础上的守信精神。契约精神与诚实守信、信守诺言有相同之处，但也存在一些区别。对于我们企业经营管理人员而言，增强契约精神就是要树牢订立契约、履行契约、维护契约的意识。在实践中，不管是大的并购、合作项目，还是日常的物资采购，都要及时订立合同，明确双方的权利义务，保护自己的合法权益。完整地履行合同是契约精神的主要要求，订立合同以后，不管遇到什么困难，只要合同履行还存在一丝可能性，就要付出百分之百的努力，要信守订立合同时的诺言。在履行合同过程中，既要用自己的实际行动带动对方共同履行，让各方能够安心、顺心的合作，也要防止合同受到外部力量的影响和牵制，这就是维护契约的要求。另外，我们在内部管理中也要体现契约精神，各级员工都与企业签订了劳动合同，这也是合作契约的表现形式，也需要我们端正思想认识，珍惜合作机会，用契约精神提升管理水平。

可以毫不夸张地说，国际国内经济活动的高效运转，离不开契约精神，社会生活和谐稳定和长治久安，也同样离不开契约精神。作为现代企业家，我们必须要培养契约精神，要严格按照合同办事，即使在利益诱惑面前，也要保持定力。看看现代商业文明的发展成就，我们就会相信"信仰"和"契约精神"有多么重要，蕴藏着多么大的能量。如果每个企业家都秉承契约精神，经济运行将变得更加通畅、高效、繁荣。

64. 合同谈判时，要坚持"循序渐进、对等协商"原则

在合同关系中，合同双方具有共同的合作目的，但同时也存在利益冲突。合同谈判所要解决的正是双方的利益冲突问题。许多老板面对利益冲突，往往不愿意"据理力争"，认为这样会伤了双方的和气，更愿意通过谈感情等方式，模糊化处理双方分歧。这种做法，将会给合同履行埋下隐患。

那么，老板们的观念错了吗？没错，但做法错了。"和气生财"的道理中国人都懂，人与人之间的"互信"是合作成功的基础。因此，任何时候都应当避免伤及互信基础，但是在利益面前还是应当"先小人，后君子"。

在合同谈判中，只要遵循"循序渐进、对等协商"原则，就可以避免利益之争伤及双方"和气"。"循序渐进、

对等协商"原则的第一步，由双方老板首先确定合作的原则和框架；第二步，分别派出分管部门中职务对等的员工"争利"；第三步，在双方充分表达各自利益诉求的基础上，派出管理层人员与对方协商，扩大共同利益，缩小双方利益分歧；最后，再由双方负责人当面解决最后的分歧，签署协议。

这种"循序渐进、对等协商"的原则，既能够保障双方充分交换意见，充分表达各自不同的利益诉求，又可以避免伤及"和气"，损害到双方互信的基础。

65. 合同谈判中，要做到"天时、地利、人和"

影响成败的因素有很多，其中包括天、地、人，所在在合同谈判中，也要做到追求"天时、地利、人和"。

所谓"天时"，是指谈判的时机、时间。我们买东西都会挑一挑、比一比，签订合同也是同样的道理。如果对方有多个交易伙伴可供选择，他们一般不会在第一次协商中就确定双方的合作关系，一定会再与其他合作伙伴进行接触协商，只有在充分比较之后，才会最终确定合作伙伴。因此，当我们拿出合同方案时，一定要掌握好时机。如果对方有多个交易伙伴可供选择，我们在对方第一次询价时就直接报出底价，那么可能我们的"真诚"并不会打动对方，只会成为对方向其他潜在交易伙伴压价的筹码。我们一定要在确定"天时"已到时，才拿出自己完备的合同方案，与对方展开合同谈判。

在足球比赛中，球队在主场的状态一般会好于客场，这就是"地利"。我们在熟悉的环境下更容易放松，更能够发挥出自己的能力水平。因此，在合同谈判中最好能够把对方约到我方的主场来，这样更有利于我方的充分表达，同时我方也可以便捷地获得与谈判相关的技术、人员等各方面支持，及时解决、回答谈判中出现的问题。

合同谈判的最终目的是达成交易。如果双方谈得很热闹，但谈判的人并不是能拍板的决策者，这样的谈判就不能取得实质性成果。隔夜之后，对方可能又会提出新的问题，或推翻已经达成的共识。因此，在合同谈判中一定要关注与你谈判的"人"，在最关键的时候一定要和能够做出决断的人进行谈判，谈好马上签订合同。如果对方带了公章就签字盖章，如果没带就先让对方负责人签字，否则对方就有发生变化的可能。

66. 在合同谈判中，应注意保密

有的人在谈判中，在维护己方利益方面，态度特别强硬，特别是当己方在合同谈判中占据主动时，更有表现"强硬"、使用"谈判暴力"的冲动，从内心深处认为"对方没有资格和我们讨价还价"。事实上，合同谈判并不是一场搏击比赛，而是一场智力游戏，就像所有的智力游戏一样，合同谈判中既要遵守最基本的商务规范和原则，也要讲求技巧和智慧。

特别需要注意的是，要时刻注意摸清对方的意图，防止泄露己方的保密信息，以免造成谈判被动。

有一个故事是这样讲的，在圣诞节前夕，有一家美国公司与一家日本公司进行商务谈判。日本公司表现得非常谦卑，公司副总亲自到机场迎接美国代表。刚一见面，日本公司副总就热情地说："你们一路过来辛苦了，我安排你们住下来，明天先好好游玩一下。"美国人回答："不用了，我们没有时间游玩，明天我们就直接谈判吧。"日本人很忧虑地问："呀，现在是年底，机票可不好买，你们回程机票买好了吗？需要我们帮你们订机票吗？"美国人答："不

用了，回程机票我们已经预先买好了。"日本人又问："那你们订的是哪天的飞机，到时候我提前安排司机送你们到机场。"美国人很实在地回答："是 12 月 23 日。"

日本人很清楚自己在问什么，但美国人却并不知道自己说了什么。

在第二天谈判中，美国人的态度非常强硬，一口气提出了许多要求。日本人却像没经验的"菜鸟"一样，马上站起来、深鞠躬，说了一句"我们马上改"就走了。到了第三天，美国人依旧表现得很强硬，又提出许多问题和要求，日本人同样是"站起来、深鞠躬"，点头哈腰地走了。一连好几天，日本人都表现得非常谦卑，只听不说，不提合作条件和要求，但双方的谈判并没有取得任何实际进展。圣诞节马上就到了，机票也订好了，但谈判却没有实质进展，美国人的"火力"也放完了，终于有些坐不住了。此时，日本人出手了，日本人对美国人提出的所有问题都有充分准备，同时日本人提出了许多美国人没有准备的问题。这下美国人傻了，在谈判的最后一天，美国人紧张地看着手表，最终不得不接受日本人的条件，而此时日本人已经为美国人准备好了去机场的专车。

因此，在合同谈判中一定要注意做好保密工作，不仅要保管好己方掌握的信息资料，还应当注意在非谈判场合的交流中，不要向对方泄露己方动机、行程、目标等关键信息。

67. 合同最好自己拟定

白居易在《天可度》中写道，"唯有人心相对时，咫尺之间不能料"。大致意思是说，虽然近在眼前，但一个人心里想什么，谁都难以猜测。只有通过言语之间的交流，才是赢得人心最快的直接过程，所以掌握话语权很重要。小布什说萨达姆有大规模杀伤性武器，全美国人民就相信萨达姆有，最终把萨达姆政权推翻了，美国人也没找到所谓的"大规模杀伤性武器"。冷静下来之后，有人追问什么是"大规模杀伤性武器"？竟然没人能给出明确答案。现在看起来很荒唐，但当年很多人都信了。为什么？因为国家实力使美国当时掌握着世界舆论的"话语权"，所以美国总统才能编造一个理由就动武。

同样道理，在签订合同时掌握合同拟定权，就掌握了对合同解释的话语权，同时也掌握了合同履行的主动权。因此，我们在和别人签订合同时，如果对方说："拟定合同就不用劳烦你们了，我让下面人准备好。"此时，你别以为自己占了便宜，遇到这种商业伙伴，你首先应当意识到

"他懂合同",掌握合同谈判的实用技巧,在谈判过程中一定要提高警惕,并把合同拟定权争取过来。

谁掌握了合同拟定权,谁就掌握了交易规则,掌握了合同的解释权。如果你相信"你拟定,我修改,最终还是我说了算",那么你就太高估自己了。当你看着对方拟定的合同时,已经走上了对方设计好的路线,你沿着对方的思路进行修改,最终还是逃不出对方的"五指山"。如果你打破对方合同架构修改或者重拟,那么很可能破坏了双方的互信基础,导致合同无法达成。

因此,要想掌握合同的主动权,应当首先掌握合同的拟定权。

68. 应当明确合同中的"定金条款"

现在大多数人能够区分"定金"与"订金"的含义和区别。订金,只具有预付款的性质;定金,则是法定的担保形式之一。根据"定金规则",支付定金一方如果违约,将不能要回定金;接受定金一方如果违约,需要双倍返还定金。

然而,现在更常见的问题是,合同当事人只约定定金金额，却没有约定定金担保的范围，忽略了对定金性质的明确约定。因而，造成双方对定金担保的范围产生不同理解，进而产生合同履行争议。

69. 违约金约定非常重要

在合同履行过程中，如果一方出现违约，应当向另一方承担违约责任，承担违约责任的主要方式有继续履行、采取补救措施、赔偿损失等，其中最常见的是赔偿损失。许多人认为，只要合同中约定了"赔偿损失"，就能够拿到违约赔偿了。这种观点是完全错误的。

即使合同中没有"赔偿损失"的约定，违约方也应当向守约方"赔偿损失"，这是法律的明确规定，在合同中是否约定并不重要。但守约方想要拿到违约方的赔偿，可并非易事。

因为主张违约赔偿，守约方需要证明三个基本事实：第一，对方违约；第二，我方有损失；第三，对方违约与我方损失之间有直接因果关系。上述三个事实中，守约方的损失、违约与损失的因果关系往往很难证明。因为守约方的损失在大多数情况下是间接损失和可期待利益，而司法实践中法院一般只支持直接损失。虽然理论上间接损失和可期待利益损失可以主张，但这两类损失很难确定，实践中也很难得到支持。例如，我方订购一套试验检测设备，这套设备有助于促进我方开展业务、增加收入，由于对方违约造成设备迟迟不能投入正常使用。在这种情况下，买方的实际损失就很难有一个客观的计算方法。

由于主张"赔偿损失"需要证明"违约""损失"和"因果关系"三个事实，实践中操作性不强。因此，法律规定当事人可以约定"违约金"，守约方可以据此维护自己的合法权益。

"违约金"与"赔偿损失"最大的区别是：主张"违约金"，守约方只需要证明对方"违约"即可。例如，在上述试验设备采购合同中，如果约定出卖方交付逾期，每逾期一日按 200 元标准向买受人支付违约金。买受人维权时就会非常便利，只需要证明出卖人交付逾期，用逾期天数乘以 200 元就可以计算出违约金。

因此，虽然法律规定了违约方应当向守约方"赔偿损失"，但主张"赔偿损失"绝非易事，在合同中设定"违约金"条款，明确违约金的计算方法和标准，可以更好地维护守约方的合法权益。

70. 明确合同争议的解决方式

对于合同争议解决条款，大多数都在合同"其他"条款中约定，然而许多人往往容易忽略合同中"其他"条款的约定。事实上，争议解决条款约定非常重要，是合同的重要条款之一。解决合同纠纷有两套机制可供选择：诉讼和仲裁。诉讼和仲裁就像两条平行线，分属于不同的裁判体系。诉讼，是由依法设立的国家司法裁判机关（即法院）对当事人之间的纠纷作出裁判；仲裁，是由依法设立的民间裁决机关（即仲裁委员会）对当事人之间纠纷作出裁决。虽然一个是"官办"，一个是"民办"，但两者做出的生效裁判，具有同等的法律效力。在选定争议解决方式前，应当首先清楚诉讼和仲裁的区别。

首先，仲裁是"一裁终局"。仲裁裁决作出后立即生效，虽然理论上不服仲裁时可以申请中级人民法院撤销，但法院很少撤销仲裁裁决。因为法院和仲裁委分属两个系统，在撤销仲裁裁决案件中，法院主要审查的是仲裁裁决的"程序合法性"，对仲裁裁决有关"事实认定"和"法律适用"不做审查和评判。法院诉讼则是"两审终审制"，当事人对一审判决不服，可以提出上诉，二审判决才是终审判决。

其次，仲裁员不是职业裁判官，仲裁员的专职工作可能是律师、工程师或大学教授等，仲裁庭也不是常设机构，而是由个案当事人从仲裁员名册中选定的人员临时组成，个案结案后仲裁庭当即解散。然而，法官都是职业的，法官不能兼职从事律师等其他职业，合议庭虽然也是为个案组成的审判组织，但相对稳定。个案审理终结后，同一个合议庭法官往往会再次组成合议庭审理下一个案件。因此，合议庭法官之间在工作配合上的默契程度，比仲裁庭仲裁员之间更高。

其三，法官审判经验比仲裁员更为丰富。在法院系统内部，法官的专业化程度很高，每位法官都有自己的专业领域，都可以称作是其所在法律领域的专家。然而，仲裁员虽然在进入仲裁委名册时有自己的专业领域和特长，但仲裁庭是由当事人选定的仲裁员组成。这就意味着被选定的仲裁员可能并不是其所仲裁纠纷领域的专家，仲裁员处理的案件类型更为庞杂，仲裁员业务专业化程度低于法官。

其四，仲裁员相对于法官更为独立。法官属于国家司法裁判体系内人员，在办理案件过程中可能会受到体系内来自各方面的一些干扰。然而，仲裁员与仲裁委并无隶属关系，仲裁员相当于是仲裁委的外聘专家，仲裁员在裁决案件之外都有自己的工作单位和收入来源，因而从客观条件上讲，仲裁员更容易保持中立。

综上所述，明确认识到仲裁与诉讼的区别后，有利于我们做出最有利的纠纷解决方式的选择。

71. 用诉讼方式解决纠纷，一定要明确管辖法院

如果双方选择诉讼方式解决纠纷，应当在合同中明确管辖法院，因为管辖法院直接关系到当事人的诉讼便利和诉讼成本。法律上的"管辖权"有两层含义：第一，是指级别管辖；第二，是指地域管辖。级别管辖由法律直接规定，合同当事人对此无权选择，所以当事人只能在合同中对地域管辖作出约定。

根据《民事诉讼法》规定，合同约定管辖只能选择原告住所地、被告住所地、原被告经常居住地、合同履行地、合同签订地、标的物所在地等与争议有实际联系的地点所属人民法院。在合同中约定管辖法院时，要注意以下几点：

第一，原被告住所地应当明确。原被告住所地在营业执照上都有注明，表面上已经很明确了。但需要注意的是，营业执照是工商部门颁发的，登记的是"工商管辖地"，而

非"行政管辖地"或"司法管辖地"。由于有的地域在行政上属于 A 区管辖，工商上属于 B 区管辖，司法上却属于 C 区管辖。因此，如果住所地位于行政区域交界处，在约定"住所地管辖"时一定要单独明确，约定好司法管辖的法院。

第二，合同履行地应当明确。合同在实际履行中往往会发生变更，合同约定履行地与实际履行地可能不一致。然而，与大多数人理解不同的是，相关司法解释明确规定当"约定履行地点与实际履行地点不一致时，以约定履行地为准"。如果没有明确约定履行地点，就应当收集相关证据，证明合同实际履行地点。因此，如果约定纠纷由合同履行地法院管辖，最好在合同中写明"合同履行地为 ** 市 ** 县（区）** 乡（镇、街道）"。

第三，合同签订地必须约定明确。一般合同签订地很难有可信的证据证明，因此如果约定合同签订地管辖，必须在合同中写明"合同签订地为 ** 市 ** 县（区）** 乡（镇、街道）"。

第四，约定管辖不能对抗专属管辖。虽然法律规定合同纠纷可以约定管辖，但同时又规定"因不动产纠纷提起的诉讼，由不动产所在地人民法院管辖；因港口作业中发生纠纷提起的诉讼，由港口所在地人民法院管辖。"因此，不动产纠纷和港口作业纠纷不能约定管辖。

72. 合同公证并不能保证"合同公正"

　　许多人对公证充满"敬畏",认为经过公证的合同就是"公正"的合同,错把"公证"当成"公正"。事实上,公证只是公证机构根据当事人申请,对民事法律行为、有法律意义的事实的真实性、合法性做出证明的活动。简单地说,公证只能证明合同合法、有效。公证机构并不审查合同约定是否公平、公正,也不能保障合同被双方全面履行,不能保证合同目的能够得以实现。

　　因此,经过公证的合同并不会变得更"公正",公证机关只能证明这份合同真实、合法,合同当事人所期待的"公平、公正"只能靠自己努力争取。

73. 看懂合同,没那么难

　　即使你不做生意,我们每个人也都有机会遇到合同,但绝大多数人不会认真阅读合同。其中主要原因有两点:

第一，我们日常遇到的多半是格式合同，即使哪个条款不合理，对方也不会为你做出修改，大多数人也不会坚持要求修改，而是怀着"从众心理"，想着"那么多比我聪明的人都签了，我怕啥"。第二，看不懂合同。作为一个法律专业学习者，我可以真诚地告诉你，你看不懂合同很正常，许多合同之所以写得那么复杂、冗长，就是不希望你能看懂。在此，给大家介绍一个快速读懂合同的"六要素审查阅读法"。

当我们拿到一份合同后，无论合同多么复杂、晦涩、冗长，我们都可以在合同中找寻到下面六个关键要素。

第一，合同生效。一般合同签订后立即生效，但也不是绝对的，有的合同约定必须经过上级公司或政府部门审批后生效，有的合同约定支付首付款后生效，有的合同约定签字并盖章后生效。审查合同时，首先要审查的就是有关合同生效的约定。就像两个人谈恋爱一样，两个人感情很好，甚至已经同居、有了孩子，大家都认为他们是夫妻，但如果他们没有依法办理结婚登记，一旦两个人分手或发生意外，互相之间并不享有配偶权。因为他们之间的婚姻关系并未生效，双方之间的配偶权不受法律保护。

第二，合同履行。许多人认为合同很重要，在进行合同谈判和签订合同时，都会带上律师。然而，一旦签订合同之后就将合同束之高阁，直到被告上法庭时才会想起"合同在哪儿"。这是比较常见的对合同的错误认识。商业谈判、签订合同固然很重要，但合同本身是没有价值的，只有合同约定得到全面履行后，才能实现合同目的、产生价值。因此，商业谈判、签订合同都只能算作"前言"，合同履行才是"正文"，有关合同履行的约定才是合同中的"干货"。如果一份合同长篇累牍、面面俱到，但却没有明确合同履行，那就好比牛肉饼里没有牛肉。一份合格的合同应当把合同履行中可能遇到、出现的问题都罗列进去，并预先约定好出现相应纠纷的处理原则和方式，保障合同得到全面、顺利的履行。合同履行条款的内容与合同性质有关，不同性质的合同履行风险各不相同，下面以买卖合同和建筑合同为例，予以简单说明。

买卖合同的合同履行条款主要应当包括：商品名称、规格、型号、数量、计量单位、运输和保险、验收交付、价款及支付方式、税费等。

建筑工程合同的合同履行条款主要应当包括：工程名称、位置、范围、开工条件、开工日期、工期、工程质量、项目经理、发包方经理、监理工程师、安全管理、工程变更、设计变更、工程价款及支付方式、工程竣工验收、结算、保证金、预付款、质保金等。

第三，合同变更。合同履行过程中有些风险和纠纷是可以预测到的，但有些则很难预测到，正所谓"人有千算，必有一失"。因此，合同在对双方当事人权利义务做出明确约定的同时，也要保持一定的弹性，对合同条款的变更做出约定，明确哪种情况下，谁可以提出变更，如何变更，以及变更方式等。

例如，某人租赁一个商铺开超市。他就怕房东中间给他涨房租，所以一次就签了十年合同。但刚经营了一年，街对面就新开了一家大型连锁超市，导致承租人无法继续经营。如果没有约定合同变更条款，承租人就只能违约解除合同。相反，如果约定了合同变更条款，承租人可以要求变更经营范围、调整租金、缩短租期或转租、分租，从而最大限度避免双方损失，维持合同的有效性。对于履行期限较长、标的额大、合同履行中不确定因素较多的合同，建议对合同变更做出约定。

第四，合同解除。合同履行中可能遇到的困难和障碍很多，有些能够克服，但有些困难和障碍不能克服或克服解决的成本过高，遇到这种情形就需要解除合同。大多数情况下，解除合同并不能使双方当事人都获益，仅可以使一方或双方的损失降到最低。在合同中，具有强势的一方往往会在合同中约定其享有单方解除权，以保证出现不利于己方情形时，可以通过行使单方解除权，避免己方利益受损。根据公平原则，合同条款应当平等赋予双方当事人单方解除权，否则如果强势一方滥用解除权，很可能会损害到另一方的合法利益。因此，在审查合同时，弱势一方应当注意到合同解除的约定，为己方争取到对等、公平的解除权。

第五，违约责任。合同大部分条款的内容，都是从正面指导当事人履行合同，但违约条款却是从反面保障合同双方当事人全面履行合同。例如，合同中约定买方收到货物后3日内验收。反过来思考，如果对方3日内不验收呢？为了保障对方及时验收，可以在合同中约定：3日内不验收，即视为合格。从广义上讲，这也是对违约责任的约定。建议在拿到合同文本后，首先从正面通读一遍，然后从反面思考一下，"如果不这样做，会有什么不利后果"。例如，在审查合同时，我们看到有关付款的约定是"结算后3日内付清全款"。我们就应该反向思考，找一找合同中是否约定了如果"结算后3日内不付款"需要承担什么责任。如果没有相应约定，那么"结算后3日内付款"就只是一句口号，并不能督促对方及时付款。

第六，纠纷解决。合同履行中难免会产生纠纷，因此应当对合同纠纷的解决做出专门约定。有关纠纷解决条款的约定，需要注意以下两个方面。

首先，仲裁约定。许多人在合同中约定发生纠纷后由仲裁机构裁决，但并不清楚什么是仲裁。仲裁机构不是国家司法机关，没有司法调查权，仲裁委员会公章上也没有国徽；仲裁机构没有常设仲裁员，仲裁员都是兼职人员；仲裁裁决是"一裁终局"，仲裁裁决做出后立即生效，不能上诉；仲裁收费普遍比法院诉讼费要高一点；选择仲裁时必须明确选定的仲裁机构，否则视为约定不明；仲裁机构的选择不受地域限制。了解了以上这些内容，再决定是否选择仲裁。

其次，管辖约定。法律允许对合同纠纷的管辖做出约定。一旦发生合同纠纷，准备起诉时首先要看是否有管辖约定，审查管辖约定是否有效。管辖约定一定要明确，否则很容易产生纠纷，官司打了几个月，管辖权仍然没有确定下来。例如，合同约定由签订地法院管辖，但合同中没有写明签订地，也没有证据证明签订地，这种约定就很容易产生分歧。

审查合同时，主要看以上六大要素。在合同中还有一个很关键的问题，必须交由专业法律人士来审查，这就是合同的有效性。"合同有效"与"合同生效"是两个完全不同的概念。前面讲的"合同生效"可以由当事人约定，但"合同有效"则是一个纯粹的法律问题，审查合同有效性必须结合相关的法律规定。

74. 看不懂的合同，一定有"妖"

在正常交易情况下，交易双方应当是先协商谈判，然后由老板拍板达成交易，最后由律师拟定书面合同，交由双方签订并履行。但有时我们会出现，明明双方已经谈好了合同条件，但当对方把拟好的合同书拿来时，你却发现看不懂合同条款。

在这种情况下，有些老板还不好意思向对方询问，大略审查后就草草签字盖章，这样做是非常危险的。

签订书面合同是为了保障交易，合同书是给履行合同的人看的，合同书应当浅显易懂、严谨周密。如果合同书写得冗长、晦涩、难懂，那就不是给人看的，很可能是个"坑"，其中必定有"妖"。面对这类合同，建议使用"删减阅读法"。

第一步，删掉不会产生权利义务的倡导性、陈述性条款。

第二步，删掉法律已经有明确规定的合同条款。

第三步，删掉同类交易中公知的交易规则、商务条件、技术条件条款。

第四步，划出意思表达不清的条款或语句，要求对方明确。

第五步，审查保留的合同条款，概括出每条的"中心思想"。

第六步，找出双方在合同谈判中未明确或未涉及的合同条款，要求对方明确。

最后，全面审查保留的合同条款，对照双方谈判确定的交易条件，提出修改意见。

75. 签订合同的授权权限应当明确

企业对外签订合同，不可能每次都是老板亲自去，许多时候需要授权项目负责人或业务员去办理。遇到这种情况，一定要审查对方签约人是否有合法有效的授权，审查其获得的授权权限，核对其身份是否与授权书一致。根据《公司法》有关规定，只有法定代表人对外可以代表公司，其他人员以公司名义对外签署合同都需要公司特别授权。

公司授权员工对外签订合同时，也要明确授权事项和授权权限。如果急切地需要与对方签订合同，又担心授权签约人不谨慎，签订了对我方不利的合同，可以在合同中约定"签章后生效"。这样既可以及时巩固双方取得的谈判成果，与对方签订书面合同，又可以让合同暂不生效。如果您关心国际政治，一定会注意到美国对外签订的协议，一般并不会立即生效，还需要提交众议院和参议院审议通过，如果两院不能通过，即使签订了也是一张废纸。在中国古代，非常重视礼法，皇帝将尚方宝剑授予大臣，这位钦差大臣就拥有了先斩后奏等代表皇权的权力，这也是授权权限。

76. 签订合同的技巧和注意事项

首先，合同除了双方签字之外最好全部打印，不要有手写添加的内容，更不能随意涂改。

其次，签订合同时，最好双方当面同时签字盖章。如果对方不能当场签字盖章，就让对方签字盖章后再返还我方，我方最后签字盖章。我方后签字盖章的好处是：第一，有机会对合同内容做最后一次审阅；第二，可以决定合同生效与否，保留反悔的机会。

第三，加盖骑缝章。加盖骑缝章可以锁定合同内容，防止合同内容被人篡改替换。

第四，签订重大合同时，应当审查对方签约人的授权，留存对方营业执照复印件、法定代表人身份证复印件、签约人授权委托书、董事会决议、股东会决议等，特殊情况下需要向董事和股东核实董事会决议、股东会决议的真实性。

第五，合同书不能留有未填写内容的空白格。

第六，双方在签订合同时，一定要写清楚签订日期，如果约定要签字盖章生效，一定要同时签字盖章。

最后一点，签订合同一定要用自己的笔。

77. 注意审查合同上的印章

我们国家有使用印章的传统，干什么事都要盖个印章，因而有些人对印章形成了莫名的信仰。有这样一个真实的故事：有一天，某地看守所来了一个自称是"国防部保密局国际情报处领导"的神秘人物，声称看守所羁押了他们的情报人员，要求立即放人。看守所领导看到盖有公章的证件、公文，一下就"吓傻了"，不知道该怎么办，赶紧联系公安部门。公安部门一看也不知道该怎么办，刚抓的嫌疑犯明明是个骗子呀，怎么就成了国防部秘密情报员了。公安局审查完神秘人的证件、公文之后，发现的确有国防部的公章。虽然大家都怀疑神秘人也是一个骗子，但谁也没见过国防部公章，都不敢轻举妄动。层层上报到省厅后，公安厅联系省军区，省军区找到一份国防部文件比对后，才确定神秘人是骗子，及时对其采取了相应的法律措施。

　　这个故事听起来像个笑话，但仍然应当为相关办案人员点个赞，因为他们没有被公章所迷惑。下面我们普及一下有关印章的冷知识。

　　首先，公章的规格尺寸有严格的法律规定。根据《国务院关于国家行政机关和企业事业单位社会团体印章管理的规定》，企事业单位、社会团体的印章应该为圆形，中间是五角星，直径不得大于 4.5 厘米（根据《陕西省国家行政机关和企业事业单位社会团体印章管理规定》直径不得大于 4.2 厘米）。

　　其次，由于印章雕刻机的发明，伪造印章就越来越容易，自 2012 年起陕西省就开始推广使用智能芯片防伪印章。智能芯片印章与普通印章最显著的外部区别是有 13 位数字编码，但它的防伪性能可不是仅靠 13 位数字，而是有自动生成的防伪纹线（类似人的指纹）和内置加密电子芯片、印章密码。但要读取加密芯片信息，查验印章真伪，需要有芯片读取设备，目前税务、银行、工商等部门已经全面安装了芯片读取器。

第三，公司的印章种类很多，除了公司公章之外，可能还有合同专用章、财务专用章、项目部印章、部门印章等。在上述印章中，公司公章必须到公安机关办理备案，但其他印章并不需要备案。财务专用章会在银行和税务部门留底，合同专用章只能用于签订合同，项目部印章、部门印章等一般只具有对内效力，不能对外使用。

最后，滥用印章、使用虚假印章，有时也要承担法律责任。在司法实践中，有的公司使用已经废止、伪造的印章或内部印章签订合同，然而又拒绝承认加盖上述印章合同文件的法律效力。在这种情况下，如果对方有证据证明该公司曾对外有效使用过上述印章，法院仍然会判令认定加盖印章的文件具有法律效力。

综上所述，我们在对外签订合同中，对方如果加盖的是公章，一定要确定是否是智能防伪公章，如果是老式公章，既没有编码也不是钢印，就应当提高警惕、问明原因。如果对方使用的是合同专用章，就一定要坚持要求对方法定代表人或授权代理人签字，并审查核实授权代理人的授权手续。

78. 没有加盖企业公章，合同并非必然无效

一般而言，企业对外签订合同必须加盖企业公章，但这并不是绝对的，有时候合同内容真实、合法、有效，合同也全部或部分得到了实际履行，但合同形式上却可以存在一些瑕疵。例如，合同范围约定不明确、合同没有加盖企业公章、没有填写合同签订日期等。这种情况下，法院并不一定会认定合同无效（前面讲过，合同是法律关系，而非一纸合同书）。

在以下几种情况中，即使合同上没有加盖企业公章，仍然可能会被认定为合法有效。

第一，公司法定代表人本身可以代表公司，法定代表人以公司名义签订的合同，即便没有加盖公章，对公司而言仍然有效。

第二，企业授权代表签订的合同，公司没有盖章，但有《授权委托书》仍然有效。但如果《授权委托书》上也没有公司盖章，那就另当别论了。

第三，表见代理合同有效。如果某人以前是某企业法定代表人或获得了某公司授权可以代表公司对外签订合

同，后来又丧失了法定代表人身份或被撤销了授权，其所签订的合同是否有效，则需要具体分析。如果企业在更换法定代表人或撤销授权后，没有及时通知对方，对方基于对其身份的信任与其签订的合同，应当按照表见代理，认定为有效。如果及时通知到对方或者虽然没有通知对方，但有证据证明对方知道，应当认定为合同无效。

第四，公司控股股东代表公司对外签订的合同。严格来说，按照《公司法》的规定，控股股东并不能代表公司。但在实践中，根据控股股东持股比例、合同内容及合同履行情况等，控股股东代表公司签订的合同，也可能被认定为有效。因为公司的权力机构是股东会，而控股股东对股东会具有控制力，所以控股股东的意志可以代表股东会，即可以代表公司。

79. 已签订的合同对己方不利，可以依法请求撤销、变更

如果企业在合同签订过程中，受到对方欺诈、胁迫等，签订了显失公平、存在重大误解的合同，该怎么办？对此，法律规定企业可以在知道或应当知道此情况的一年内申请变更或撤销合同。对此，许多人认为只要合同内容不公平、

己方对合同内容有误解，就可以主张撤销或变更合同。这种认识也是错误的。

首先，评判是否"显失公平"，应当剔除市场合理波动的商业风险。特别是在期货交易中，商品未来价格的大跌或大涨是期货交易本身具有的商业风险，蒙受损失的一方不能主张"显失公平"。

其次，评判是否存在"重大误解"，应当结合合同当事人身份、商业经验和误解内容、误解的后果等。例如，甲第一次进入某个商业领域，不清楚从事该领域经营需要取得国家特别许可，因而导致合同无法继续履行，这种情况应当属于"重大误解"，可以据此主张变更或解除合同。但如果是"轻微误解"，则不能主张变更或解除。例如，误以为 60 英寸电视机显示屏的长度为 60 英寸，然而事实上 60 英寸指的是对角线长度。这虽然属于"误解"，但并不构成"重大误解"，也就不能据此主张变更或解除合同。

80. 合同生效并非必然产生物权效力

举一个例子，甲将同一套房屋分别卖给了乙和丙。在法律上，这两份房屋买卖合同都是合法有效的合同，但房子只有一套，甲方只能向一方交付房屋，向另一方承担违约责任。两份合同都合法有效成立，具有合同效力，但只有依据合同办理了房屋产权过户手续的一方，才实现了房屋买卖的物权效力。

即使买受房屋的一方依据合同已经实际占有了该房屋，只要没有办理房屋产权过户，双方的房屋买卖就没有产生物权效力，没有从物权上"取得"该房屋。事实上，"合同效力"和"物权效力"不是一回事，判断"合同效力"的主要依据是《合同法》，而判断"物权效力"的主要依据是《物权法》和《担保法》。

合同生效后，当事人所获得的仅仅是"请求权"——即请求对方履行合同义务的权利，办理房屋过户、交付质押的动产、办理权利质押登记、办理抵押登记，只有在上述行为履行后，才产生相应的物权效力。

81. 不要忽视附随合同义务

在合同履行中，许多人常常只关注主合同义务，而忽略了附随合同义务的履行，从而造成违约。什么是主合同义务？主合同义务是指与合同目的直接相关的合同义务。例如，在房屋买卖合同中，出卖人的主合同义务是交付房屋。什么是附随合同义务？附随合同义务是与主合同义务相关联的合同义务。例如，还是在房屋买卖合同中，出卖人的主合同义务是交付房屋，而与交付房屋相关的附随义务包括交清与房屋相关的物业费、水电费等，协助办理物业变更等。

在大多数情况下，附随合同义务都是显而易见的，且只要主合同义务履行完毕，一般不会因附随合同义务的履行发生纠纷。但某些特殊情况下，如果对附随合同义务的履行不做明确规定，可能会严重损害当事人的利益。例如，在购买房屋合同中，出卖人出售房屋后，应当将户籍迁出，以保障买房人正常落户，然而出卖人却以各种理由拒不办理户籍迁出。再例如，交付电梯等特种设备时，拒不交出密码和相关技术资料，致使设备无法正常维修、保养，影响使用安全。

这些情形都将会影响到当事人合同目的的实现，损害到当事人的合法权益。因此，附随合同义务虽然依附于主合同义务，但并不表明其不重要，绝不可忽视。

82. 合同风险应当被消灭在履行之中

签订书面合同，是为了防止发生纠纷，保障"合同目的实现"，不是为了"打官司"，这是我们的"初心"。因此，应当在履行过程中把合同风险消灭掉，不能等到合同纠纷不可调和时，再寻求解决。要想将合同风险消灭在履行中，具体履行合同的一线工作人员就需要准确地理解合同约定，严格执行合同约定。如果一线工作人员只管干活，不看合同、不理解合同，就不能第一时间消灭合同风险，提前解决合同纠纷。即使签订的合同对己方非常有利，一旦发生纠纷也很难维护好自身合法权益。

在实践中，许多企业的合同一般由法务专员管理，但实际履行合同的项目经理等一线工作人员却不清楚、不理解合同约定，在合同履行中也就不能严格遵守合同约定办事，合同约定与合同履行完全是两张皮。一旦合同纠纷无法通过协商解决，就把责任一股脑推给法务人员或律师。如果一线的工作人员将合同束之高阁，甚至接触不到合同，合同履行得一塌糊涂，律师的能耐再大，也不能改变合同履行中已经发生的既定事实，只能勉为其难，尽量减少损失，但不可能实现零损失。

83. 注意收集合同履行的相关资料

合同履行所需的时间，可能是一两个月，也可能是一两年或更长。在合同履行期间，双方你来我往，可能会形成许多联络函、单据、会议纪要等文件资料，这些资料属于与本合同履行相关的文件，一定要将他们收集整理好。

除了收集整理好已经形成的资料外，许多时候我们还应当主动保全一些与合同履行相关的证据资料。例如，对方由于自身原因，要求我方变更交货时间、地点，或要求我方暂停施工。在这种情况下，我方一定要设法取得对方提出主张的相关证据资料，比如可以要求对方发正式联络函，或与对方指定负责人签订变更协议等。如果在上述变更情形发生时，没有主动收集保全相关证据材料，一旦后期发生纠纷，我方将很难证明变更交货时间、地点或停工的责任在对方。

根据合同履行期限、标的额以及合同性质的不同，建议合同相关资料最少保存至合同履行完后 5 年以上，重大合同应保存最少 10 年以上。

84. 在合同履行中，应当注意的变更事项

第一，合同主体发生变更。合同具有相对性，例如我向你买东西，你应当向我交付商品，我向你付钱。但是如果货物太大、太重，就需要你把货物直接送到我家，交给我家里人签收，由家人代我付款。在这种情况下，接受商品和支付货款的主体就发生了变更。这种情况并没有打破合同的相对性，但由于签订合同的主体和履行合同的主体不一致，在合同履行中需要向买受人确认，以免日后发生争议，比如可以要求买受人给出书面指令，或在交付前向买受人电话确认。

第二，合同标的发生了变更。举一个小例子，根据合同约定，我向你订购的是一张 2.2 米 ×2 米的大床，但回家后我发现 2.2 米 ×2 米的大床无法放进去，只能改为 2 米 ×1.8 米的床。由于床的规格发生了变更，价格、款式可能都要发生相应变更。这种情形属于对合同标的的重大变更，双方应当签订书面协议，避免发生纠纷。在生活实践中，此类交易都是以口头协议为主，但如果合同标的比较贵重时，一定要签订书面协议。

第三，合同主体指定的负责人变更。根据合同约定，甲方委托王某为项目负责人，但在合同履行中王某患病，由李某顶替王某负责一段时间。由于李某不是合同中指定的甲方项目负责人，李某负责期间签订的有关文件，就需要获得王某或甲方追认。这种情形在建筑领域比较常见，当甲方变更负责人时，应当要求甲方出具书面联系函，或由王某出具书面通知，或要求李某出具委托书。

综上所述，合同履行中任何事项的变更，都应当保留相关证据，否则日后发生争议的概率会非常高，特别是履行期限比较长的合同。

85. 注意防止合同履行中的"混同"

合同不但具有相对性，还具有独立性。合同相对性比较好理解，甲方和乙方签订的合同，只对甲乙双方具有约束力，这就是合同的相对性。但合同的独立性往往被人忽视，特别在合同当事人相同的情况下，合同的独立性更容易被忽略，从而发生"混同"。

例如，甲向乙购买两套房屋，两套房屋价值均为100万元，分别签订了两份房屋买卖合同。第一份合同没有约定违约金，第二份合同约定了违约金。甲方向乙方共计付款 150 万元，欠款 50 万元。由于两份合同主体相同、标的物相同，那么这 50 万元欠款是哪份合同的呢？如果是第一份合同欠款，乙方就只能主张 50 万元欠款，而不能主张违约金；如果是第二份合同欠款，乙方则可以在主张支付欠款 50 万元的同时，要求甲方支付违约金。

合同履行中的"混同"是非常复杂的问题。有一个真实的案例，A 公司承建 B 公司两个房地产项目，双方签订了两份建设工程合同，第一份合同履行地在 X 市 C 区，第二份合同履行地在 X 市 D 区。B 公司每次付款时都会口头明确支付的是哪个项目的工程款，但双方并未书面确认和明确。A、B 公司将两个工程汇总到一起，签署了一份《结算书》。后来，A、B 公司因工程款支付问题发生纠纷，A 公司想要起诉 B 公司，但有两个问题难以解决。第一，结算总金额、欠款总金额都很明确，但两个工程各自欠款多少，没有书面证据；第二，不动产纠纷由不动产所在地法院专属管辖，A 公司应该向哪个法院提起诉讼。如果没有发生"混同"，该案事实清楚，B 公司很可能在诉讼中主动提出和解，纠纷很快能够解决。然而，由于发生了"混同"，最后仅管辖权争议就浪费了一年时间，A 公司耗时、耗财、耗力，蒙受了很大损失。

86. 履行期长的合同，风险更大

为什么银行长期贷款利率高于短期贷款利率呢？从经济学角度解释，短期贷款的资金周转率更高，本息收回后可以再滚动发放贷款，在一个长期贷款周期内，一笔资金本息滚动发放后的收益率高于短期贷款利率，因此长期贷款利率高于短期贷款利率。但这可能只是原因之一，且并不是主要原因。

在任何经济活动中，单纯地只关注收益而无视风险，都是愚蠢的行为。对于银行业而言，风险防控才是重中之重，贷款期限越长就意味着会有更多的不确定性和更大的贷款风险，这才是长期贷款利率高于短期贷款利率的主要原因。

时间可以改变一切。无论什么合同，履行期限越长，合同风险越大。因此，当我们签订一份长期合同时，一定要考虑到合同履行期间内可能发生的各种合同风险，在合同中预先拟定好变更、单方解除、定期对账、定期结算等条款。

防范长期合同的风险，不仅需要在合同条款中做出相应约定，更需要在合同履行中及时整理、收集、形成合同履行资料。如果我们在商场买完东西想调换，口头告诉售货员就可以了，但如果建筑施工合同在履行中发生变更，就一定要严格按照合同约定做好变更签证，否则等到几年后竣工结算时，有关工程量的变更情况就很难说清楚了。

87. 履约人员的变动，也属于合同重大变更

我们在防范合同风险时，不能只紧盯着合同书，因为"合同"并不等同于"合同书"。防范合同风险的重点应当是"合同履行"，与合同履行相关的因素都可能成为合同履行风险点之一，比如"人员"。

在合同履行中，并非所有的"确认"都需要对方法定代表人签字、公司盖章。在合同履行中，更多的是由对方工作人员对供货情况、工程量、合同变更等进行签字确认。因此，一旦对方人员发生变动后，即意味着"确认"发生变更，我方必须要取得对方人员变更的通知或其他能够证明对方人员变更的证据。否则，在最终结算中，对方可能会对部分"合同确认"不予认可。

88. 在合同履行中，应尽量避免现金交易

现金交易不仅不方便携带，而且存在一系列风险，在经济交往中应当尽可能避免现金交易。有一个真实的案例，王某购买李某的二手车，合同约定车款为 28 万元。在交易当天，王某从家里拿了 5 万元现金，另给李某银行账户转账 23 万元。王某认为双方交易已经及时履行完毕，并没有要求李某出具收据。

交易完成后，王某发现李某隐瞒了车辆曾发生过交通事故的重大事实，要求李某退款，却遭到李某拒绝。王某将李某诉至法院要求解除合同，返还购车款。在案件审理中，李某提出反诉，要求王某支付拖欠的 5 万元购车款。最终，法院判决双方购车合同解除，但仅判决李某返还王某 23 万元。

在本案中，王某败诉的主要原因是在交易过程中部分使用了现金，且没有要求李某出具收据。因此，在合同履行中，大额交易应当尽量采取银行转账的方式。通过银行转账，银行就替你保留了交易信息，可以有效避免交易风险，而且在银行转账时一定要核实对方提供的账户信息是

否与合同主体一致，如果不一致，一定要求对方出具付款
至第三方账户的通知函，并向对方索取收据。

89. 在合同履行中，应有证据意识

　　什么是法律意识呢？在合同履行中可以简单概括
为——契约精神、证据意识，契约精神前面已经讲过，下
面讲讲证据意识。证据意识，就是要做到时刻问自己、提
醒自己：我说的、做的，有什么证据？他说的、做的，有
什么证据？我的主张，有什么证据？他的承诺，有什么证
据？双方协议变更，有什么证据？

　　合同履行中一旦发生纠纷，可以通过协商解决，协商
不成可以提请诉讼或仲裁。然而，无论是协商还是诉讼或
仲裁，都需要以"事实为基础"，而要说明事实就需要拿
出证据，否则只能打打嘴仗，并不能解决纠纷。

　　因此，合同履行中一定要有证据意识，实际上提高证
据意识并不会增加企业管理负担，只要加强经营中的合规
化管理即可。许多企业存在的问题是，各项规定制定得非
常完善，但在具体执行中都变通、歪曲了，规定制度都只
停留在纸上，直到出了问题才意识到没有严格履行规定，

没有留下证据。

90. 在合同履行中，应适当设计一些程序规范

有人说，大公司办事程序太繁琐，十分钟能搞定的事情，你可能需要好几天去跑程序。大公司为什么会程序繁琐呢？有两个方面的原因，第一个原因是为了避免权力集中，防范经营管理风险，每一道程序都会形成一道防火墙，防止内部腐败和权利集中，也可以防止决策失误。如果各部门执行到位，的确可以起到预设的积极作用，但"铁路警察，各管一段"的做法也有弊端，往往会形成相互推诿、无人担责的情形。因此，这种做法是好是坏，需要具体分析。第二个原因是故意延缓交易。凡是和大企业合作过的人都清楚，大企业的付款流程非常复杂，需要"一个大神一个大神的拜"，这其实是一种"以大欺小"的套路。

繁琐的程序可能会大大降低效率，但在不严重损害效率的前提下，仍有可取之处，特别在合同履行的关键节点上（例如收发货物、付款、验收、交付等），设定一些程序规范可以有效保障交易安全。在设计程序规范时也应当注意两点：

第一，找到交易的关键节点。例如，在货物买卖中，货物交付就是关键节点。因此，买受人一方没有必要在货物包装、运输等节点上设计复杂的程序，只需要把握住交付即可。

第二，避免成本增加、效率降低。程序设计要合理、适度，避免程序设计过于繁琐，从而导致成本增加、效率降低。

91. 合同履行中的"抗辩权"

我国的《合同法》规定了三个"履行抗辩权"，分别是同时履行抗辩权、先履行抗辩权、不安抗辩权。

同时履行抗辩权，是指合同双方互负债务（例如在买卖合同中，买方负有付款义务，卖方负有交货义务），没有先后履行顺序的，双方应同时履行，对方不履行，己方有权拒绝履行，对方履行不符合约定，己方有权拒绝其相应的履行要求。

先履行抗辩权，是指合同双方互负债务，有先后履行顺序，对方应当先履行但不履行，己方就可以拒绝履行。对方先履行但不符合约定，己方有权拒绝其相应的履行要求。

　　不安抗辩权，是指合同双方互负债务，有先后履行顺序，己方是先履行一方，但对方出现特定情形，可能难以履行合同义务时，己方可以中止履行并通知对方，要求对方提供适当担保后，己方再恢复履行；对方在合同期限内未提供适当担保，也没有恢复履行能力，己方可以解除合同。正确行使不安履行抗辩权应当注意以下几点。

　　第一，法定理由。己方必须有证据证明，后履行义务人存在下列情形：经营状况严重恶化；正在转移财产、抽逃资金；丧失商业信誉；有丧失或可能丧失履行能力的其他情形。如果己方没有证据证明对方存在上述情形，就不符合行使不安抗辩权的条件。

　　第二，先中止，后解除。在行使不安抗辩权时，己方不能直接解除合同，必须要先中止合同，给对方一次机会。毕竟合同的顺利履行，才最符合双方当事人合同目的，因此法律上不允许轻率地解除合同。

　　第三，一定要书面通知。在行使不安抗辩权时，己方一定要及时主动书面通知对方，不要搞沉默对抗。因为己方是先履行义务人，如果己方搞沉默对抗、不及时履行，对方可能会理解为己方违约。

　　第四，中止履行，可以恢复。保障合同得到全面履行是《合同法》立法的大原则。因此，如果对方在合理期限内，提供了适当担保或恢复了履行能力，己方还是应当继续履行。在这种情况下，如果己方仍然拒绝履行，则构成违约。对于"合理期限""适当担保"和"恢复履行能力"的理解，双方可能存在分歧。如果对方提供担保或自认恢复了履行能力，但己方不予认可时，应当以书面方式提出，避免因为不安抗辩权行使不当而承担违约责任。

92. 实在不行，就要及时解除合同

如果明知合同目的已经无法实现，继续履行已经毫无意义了，此时最好的处理方式就是解除合同。合同解除后，没有履行的部分，无需履行；已经履行的部分，根据履行情况和合同性质，可以要求恢复原状，也可以采取其他补救措施，并主张赔偿损失。

法律规定当事人可以主张解除合同的法定情形是：因不可抗力致使不能实现合同目的；在履行期限届满之前，当事人一方明确表示或者以自己的行为表明不履行主要债务；当事人一方迟延履行主要债务，经催告后在合理期限内仍未履行；当事人一方迟延履行债务或者有其他违约行为，致使不能实现合同目的；法律规定的其他情形。什么是"合同目的无法实现"？什么是"合同主要债务"？什

么是"合理期限"？这些都只是原则性概念，具体该如何解释，需要当事人根据合同性质，在合同中具体明确，以避免因解除合同而产生纠纷。

　　主张解除合同一方，应当把解除合同的意思通知对方，解除通知发出后并不会立即产生合同解除的法律效力，还必须得到对方的确认。如果对方不同意解除合同，对方应当在合理期限内提请法院或仲裁机构确认合同解除的效力；如果对方既不同意解除合同，也不提请法院或仲裁机构确认合同解除的效力，为避免纠纷，己方可以提请法院或仲裁机构确认合同解除的效力。

第三篇

企业战略篇

第七章

知识产权法律风险防控

　　目前，虽然企业普遍懂得知识产权的重要性，但知识产权保护意识仍然有待提高。许多企业认为自身不是高科技企业，所以知识产权保护与自身企业生存、发展的相关度并不高，这是一种狭隘的认识。在经济活动中，知识产权已经像空气一样变得不可或缺，但又难以察觉了。例如，许多企业在宣传时都会制作一些宣传资料，但很少有企业意识到制作宣传资料所用的字体是享有著作权的作品，用于商业活动需要支付费用。

　　知识产权包括商标权、专利权、著作权等权利，是蕴涵创造力和智慧结晶的成果，其客体是一种非物质形态的特殊财产。在知识产权领域，保护和侵权是一对孪生兄弟，企业稍有疏忽，自己的知识产权就会轻易地被别人侵犯；同时，稍有不慎，自己也可能侵犯到别人的知识产权。

93. 商标注册应当及时

　　根据我国《商标法》的规定，商标权的取得以注册申请在先为原则。因此，企业在制定营销方案时，必须要结合企业的商标战略，做到商标注册先行。如果企业营销在前，商标注册在后，可能会给别人做了嫁衣。在商标领域有一些职业的"狙击手"，他们会预先注册或收购一些自认为有价值的商标，然后高价出售给使用该商标却没有取得商标专用权的企业，获取巨额回报。许多大企业都曾为取得商标专用权花费过大价钱。例如，韩国现代企业在进入中国市场时，发现"现代"商标已经被注册，据说花费了数千万元才购得"现代"商标。国内企业商标在国外被抢注的例子更是不胜枚举，联想公司之所以将"Legend"商标更换为"Lenovo"，原因之一就是"Legend"在多国已经被抢注，权衡之后联想决定不回购"Legend"，而是在全球同步注册了"Lenovo"商标。

94. 申请注册商标时注意避免权利冲突

商标权不是凭空产生的权利，而是依附于特定的文字或图形，然而构成商标的文字和图形本身可能同时是某家企业的字号、某位名人的书法作品、某位画家的美术作品、某家企业的商标。因而申请注册商标时，一定要避免侵犯到其他在先享有的合法权利。

除此之外，申请注册商标应当注意以下三点：

一是不得使用地名、国名、风景名胜区、国际组织等特定名称作为商标。因为商标是特定商品和服务的名片，使用上述特定名称作为商标会产生不良的社会影响。但"北京汽车""青岛啤酒""长城电脑"等商标仍然可以使用，这些是特定历史背景下成功注册的商标。同时，这些商标也是我国商标权意识不断提高的见证，但现在再想注册"北京"商标已经不可能了。

二是商标应当具有显著性，不能使用商品或服务的通用名称，最好使用没有特定含义的有创意的名称。使用没有特定含义、臆造的词语作为商标，不仅可以彰显其特定商品和服务的特性，也更容易通过商标注册审查，顺利获得商标权。

三是在申请注册商标前，一定要先行做好商标检索。现在商标注册量非常大，一般人能想到的具有美好寓意的商标，几乎都已经被注册了。因此为了避免浪费时间和金钱，也避免日后发生纠纷，在申请注册前一定要做商标检索。

95. 签订商标许可合同时的注意事项

商标权有一个非常特别的属性，即商标权的价值与使用该商标的商品或服务的商誉紧密相关。使用该商标的商品或服务的商誉越高，该商标权的价值就越高，反之亦然。

商标权可以由不同的主体同时使用，即商标权人将商标权许可甲使用的同时，并不妨碍其许可乙使用，除非有特别约定。

商标权具有领域限制，即每一个注册商标都只能应用于其注册时选定的类别，因此"长城"汽车、"长城"葡萄酒、"长城"电脑之间并不侵权。

商标权虽然可以无限续展，但如果不及时续展则有可能被注销。

了解了商标权以上特征后，在签订商标许可合同时就应当注意以下几点：

第一，了解商标权注册的类别，对许可商标进行检索，确定其有效性、显著性。

第二，了解该商标的使用情况，特别是使用该商标的商品或服务的商誉情况，从而对该商标权价值做出准确判断。

第三，明确许可授权的范围和类别，是独占许可还是普通许可，许可使用的商品或服务类别。

第四，商标权人的承诺和担保。商标权的价值非常脆弱，如果因为商标权人的原因造成商标价值贬损，那么商标权人对被许可人的补偿措施，应当提前明确。此外，商标权人对该商标宣传的投入等，也应该写入商标许可合同。

96. 驰名商标的保护

有关驰名商标绝大多数人的理解都是错误的，主要有两种错误认识：

第一种错误观点认为，驰名商标是商标的升级版，国家对驰名商标的保护力度比普通商标更高。事实上，驰名商标并不是商标，而是商标保护的一项制度。

第二种错误观点认为,驰名商标是一项荣誉称号。许多人将驰名商标理解为比"著名商标"更高一级的荣誉称号,认为只有国家级的"著名商标"才能被称为"驰名商标"。曾经有很长一段时间,的确有许多企业将驰名商标作为荣誉称号用于宣传误导消费者,甚至有的企业为了将其商品或服务被认定为"驰名商标",花费巨资搞虚假诉讼。现在已经看不到这种现象了,因为如果继续将"驰名商标"用于宣传,将可能涉嫌虚假宣传和不正当竞争。

驰名商标是一项商标保护的制度,商标仅在其注册的类别内享有专用权,超出其注册时选定的类别则不享有专用权。

例如,A公司在42类注册了"卡哇伊"商标,另一家企业想在22类注册或使用与A公司"卡哇伊"商标相同或相似的商标标识,则并不侵犯A公司对"卡哇伊"享有的商标专用权。但是,如果A公司的"卡哇伊"商标具有广泛的知名度,就可以给予A公司"卡哇伊"商标超出其注册类别的特殊保护,这项制度就是"驰名商标保护"。

如果两年后Λ公司的"卡哇伊"商标市场美誉度降低,此时A公司发现另一家企业在22类上使用"卡哇伊"商标,并主张其侵权。此时能否再次适用前案的裁判结果,适用驰名商标保护制度给予A公司"卡哇伊"商标特殊保护呢?不能。因为驰名商标保护只能在个案中具体适用,在后一案中由于 A 公司"卡哇伊"的市场美誉度已经大大降低，很可能无法适用驰名商标保护制度，对其给予保护。

97. 什么是专利权？

专利权，实质上是一项"技术垄断权"，即专利申请人以自己的聪明智慧创造出一项具有新颖性、独创性、实用性的外观设计、实用新型技术或发明，然后经国家专利局审核认定后，将该项专利公示于天下，以促进整个行业的设计和技术发展。作为回报国家赋予申请人在一定期限内对该项专利享有排他的"技术垄断权"，在有效期内任何人不经其许可不得使用该项专利，这就是专利权。

专利权与商标权相比，专利权的价值更为稳定、可靠，但为了促进技术进步，专利权到期后是不能续展的。与商标权相比较，专利权的取得则更为艰难，特别是发明专利的取得，往往需要有巨大的财力、物力、人力的投入。专利权的获得以技术公开为前提，而一旦技术公开就可能被仿制、抄袭。因此，并不是所有的技术都适合通过申请专利的方式得到保护。例如，可口可乐的配方就没有申请专利，而是通过商业秘密的方式对其加以保护。

还有一点，申请专利时公开的限度是证明该项专利具有新颖性、独创性、实用性。因此，聪明的申请人并不会将其专利的全部秘密予以公开，而仅仅以满足上述"三性"，能够获得专利权为限度。我们会看到，虽然许多专利技术已经公开了，但仿冒者生产出来的产品很难达到发明人专利产品的品质。

98. 如何避免专利侵权?

专利权的本质是一项技术垄断，一旦处于领先地位的企业对行业相关技术都申请了专利后，就相当于给这个行业筑起了一道高高的围墙，其他企业想要进入这个行业将变得非常艰难。即便进入该行业，由于新入者需要交纳高昂的专利费，也很难动摇领先企业的优势地位。这种局面实际上不利于行业发展、不利于技术进步，也不符合整个社会的公共利益和终端用户的利益。

但仍然有许多后进者突破了行业壁垒，最终从后进成为先进，那么他们是怎么做到的呢？

首先，大量使用过期专利和非专利技术。各国对于专利保护都有期限限制，专利技术过期后就成为了人人可无偿使用的现有技术。作为后进企业，可以通过对过期专利技术和非专利技术进行改进，从而避开专利技术，达到与专利技术相同或相似的技术效果。

其次，认真研究并突破专利技术的技术壁垒。真空保温杯是日本企业的一项专利发明，国内最初有企业想要引进该项技术时，日本人的报价对国内企业而言简直是天文数字。然而，现在我们最低十几元就能买到一个真空保温杯，为什么会这么便宜呢？有人认真研究过日本的专利技术，最终通过在瓶盖内侧加橡胶圈的方式规避了真空保温杯专利，达到了类似的技术效果。

其三，通过申请周边技术专利，实现以多打少。核心技术专利的取得投入大、风险大，作为后进企业即使有充裕资金，也很难在短期内在核心技术上挑战行业领先企业。因此，后进企业可以将有限的资源投入到边缘技术的开发上，先积累专利数量，然后通过专利互相许可，逐步突破领先企业的专利技术壁垒，这也是一个不错的权宜之策。

99. 什么是著作权？

著作权，是指作者对其创作的文学、艺术和科学技术作品所享有的专有权利。著作权又被称为版权，最初保护的不是创作作品的作者，而是出版作品的出版商，因而被称为版权。然而，随着技术的发展，作品的出版传播变得越来越容易和低廉，创作作品的作者的地位得到提高，因而保护的对象从出版者变成了作者。

随着国家对"盗版"打击力度的加大，公众的版权意识得到了大幅提高，但由于著作权的无形性、衍生性等特点，能够准确理解著作权的人并不多。我们可以举几个例子测试一下。

例一：张某将一幅画卖给了王某，请问这幅画的著作权归谁？王某是否有权复制这幅画？

答案：虽然张某将画卖给了王某，但仍然享有这幅画的著作权。因为张某卖掉的"画"是一个"实物"，而这幅画的著作权是一种"无形物"。虽然"画"的著作权依附于"画"的实物而表现出来，但两者不是一回事。因为王某没有买到这副画的著作权，而复制权是著作权的一部分，因此王某无权复制这幅画。是不是和您的认识不一样呢？这是著作权的无形性。

例二：张某创作了一部小说，李某将小说改编成了剧本，A 电影公司将剧本拍成了电影，请问谁可以作为著作权人，从该电影中获益？

答案：大家都可以从中获益。这部电影的源头是张某创作的小说，李某如果要将小说改编成剧本，需要获得张某的授权，向张某支付费用；李某创作完成后，李某是该剧本的著作权人，A电影公司将其拍摄成电影，需要向李某付费（根据李某与张某的协议约定，有可能还需要向张某付费）；A电影公司将剧本拍摄成电影后，对该电影享有著作权。这是著作权的衍生性。

随着艺术表达方式呈现多样性、作品传播途径日益多样化，著作权的内涵在不断丰富、延伸，就像一棵大树一样，不断地长出新的枝叶。因此，一个好的作品如果运作成功，可以衍生出图书（各种语种）、电影、电视、动漫、游戏等一系列作品，然后通过书店、电子书网站、影院、电视台、网络平台等媒介向外传播，从而产生源源不断的利润回报。

100. 侵犯知识产权，有时真不是故意的

许多侵权行为并不是故意而为，而是出于对知识产权的概念、法律要求理解不正确，或者是知识产权意识淡薄，我们还是举几个例子予以说明。

例一：某超市购买了一套正版的超市收银软件，并

给超市所有收银机都安装了该软件，超市的行为是否构成侵权？

答案：侵权。超市虽然购买的是正版软件，但将该软件用于超市所有收银机，属于未经许可的复制行为，因而构成侵权。有人提出质疑，难道我买的正版软件只能用一次吗？不是，法律对该软件的使用次数没有限定，但无论使用多少次，都不能进行复制，只能在一台机器上使用。

例二：A公司邀请B作家为公司题词，然后从题词中抽取两个字注册为商标，是否构成侵权？

答案：侵权。前面我们讲过，B作家为A公司题词，这幅题词的书法作品虽然给了A公司，但这份作品的著作权仍然属于B作家。因此，A公司使用B作家享有著作权的作品注册商标，侵犯了B作家的著作权。

综上所述，许多知识产权侵权都是由于对知识产权的认识不足，甚至是无知造成的。某超市在采购收银机时，应当核算一下，是购买已经预装软件的收银机划算，还是购买裸机再自己安装软件更划算。A公司在要求B作家题词时，应该和B作家协商，明确对该作品的使用方式和使用报酬。

101. 如何制定企业的商标战略？

经济领域的竞争，往往是从低到高逐步升级的，基本上是按照"价格—质量（组织管理）—品牌—技术（包括设计）—标准"的顺序，"质量"层级以后的竞争，拼的就是知识产权。因此，任何一家企业，无论是行业新兵还是行业引领者，都应当有明确的知识产权战略，从而才能实现步步为"赢"。在知识产权战略中，最重要的是商标（品牌）战略。

品牌的背后是企业积累的商业信誉和产品品质，而承载品牌的载体就是"商标"。打开商标局网站，随意检索一下市面上的知名品牌，你会发现阿里巴巴注册的商标超过1万个，很显然其中绝大部分商标他们不会使用。阿里巴巴不仅注册了"阿里巴巴"，还注册了"阿里爸爸""阿里妈妈""阿里爷爷""阿里奶奶""阿里叔叔"等，凡是你能想到的，他们应该都注册了。这就是他们的商标战略——像保护自己的孩子一样的保护"阿里巴巴"，不让任何人沾上"阿里巴巴"的光，构筑一条"商标护城河"。这种做法需要许多钱，大多数企业既没有必要，也没有这种经济实力，但下面的建议适用于任何一家企业。

第一，尽可能使企业字号和企业主要商标保持一致。在确定企业名称时，就应当同时确定企业日后的主要商标，这种做法可以凸显企业字号和商标的显著性，同时提高企业字号和商标的曝光率，有利于品牌价值的形成。

第二，将主商标在多个类别同时注册。

第三，增加主商标的使用范围，提高其曝光率。在公司公文信件、工服、设施设备、宣传资料等处，都标注上企业主商标。

102. 知识产权的应用

知识产权是无形财产权，而非实物，知识产权并不会因实际应用而发生价值损耗。相反，如果应用得当，反而可以提高其价值，但如果应用不当，也可能导致其价值大幅减损。

商标权除了可以自己使用之外，还有两种常见的应用方式。

一是许可使用。通过商标的许可使用，商标权人可以实现轻资产运营，经营风险大幅降低。这种运营模式最大的难点是质量把握，因此许可使用合同要把握好质量控制这一项，许可人应当对被许可人的法人资格、生产能力、管理水平、产品质量进行考察测试，并对生产过程、工艺、检验等方面实施监督。

二是融资使用。商标是一项具有价值的财产权，因而可以用商标权向金融机构融资，也可以用商标权评估作价入股，但是商标权的价值不稳定，且处置变现也比较困难。

因此，并非所有的银行和融资机构都接受商标权融资。企业用商标权融资，除了需要提交该商标获得市场美誉的证据材料之外，还需要提供企业品质管理等方面材料，以证明该商标的品牌价值是可靠、稳定的，不会在短期内发生巨大波动。

著作权除了自己使用，也可以用于融资，目前电影版权融资已经是一项比较成熟的业务了。要想最大限度的挖掘著作权的价值，关键就是两个词"演绎"与"传播"。一个小说作品，可以翻译成外文、改编成漫画或剧本、拍摄成电视或电影、制作成游戏、编排成芭蕾舞或音乐剧等，通过演绎让作品的著作权枝繁叶茂。另一方面是增加其传播渠道，扩大作品的传播方式和途径，除了出版成书之外，可以通过电台、电视、网络、舞台等平台进行传播，多一条传播途径，就多一条生财之路。

专利权除了自己使用，也可以用于融资，除此之外专利许可也是专利权非常重要的应用方式之一。专利权的价值由专利技术本身决定，与应用该专利技术的产品品质无关，因此企业完全可以将专利许可作为主业。

　　例如，美国高通公司就是这样一家主要靠专利许可营利的公司。高通公司是移动通信 CDMA 技术的原创者，在 CDMA 技术推广初期，高通公司自己生产 CDMA 通讯芯片和产品，但后来高通公司发现制造芯片产品并非自身强项，而且牢牢地紧握着 CDMA 专利仅供自己使用，并不利于该项通讯技术的推广。因此，高通公司开始以低廉的价格将 CDMA 专利许可给其他企业应用。由此使得 CDMA 技术阵营的企业数量大增，使用 CDMA 通讯技术的产品大大丰富，从而最终成就了 CDMA 技术，也成就了高通公司。

第八章

科创法律风险防控

在"一带一路"、乡村振兴、"互联网＋"、大数据、人工智能、5G网络技术为代表的政策和技术利好引领下,在"大众创业、万众创新"政策的支持鼓励下,中小企业尤其是科创类企业迎来了空前的发展机遇。同时,激烈的市场竞争也带来了前所未有的法律风险。如何引导企业依法提高自主创新的能力、公平合规地参与市场竞争、防范和化解法律风险,是当下企业所面临的亟待解决的问题。

103. 企业创新发展要服务实体经济

目前，中小企业在"大众创业、万众创新"的大环境下，应把服务实体经济作为企业的首要任务和根本遵循。从目前企业发展类型来看，科创类企业数量激增，"科创成果"已成为这类企业的资产的重要组成部分，科技成果研发、网络平台搭建、招商引资等，看似企业能够平稳地从中获取巨额利润。但在现实中，许多企业因为自身科研项目、经营范围等虚无缥缈，无法落地实施，更没有实体经济的支撑，一旦投资失败，便会陷入经营困境，甚至承担民事责任、行政责任、刑事责任。因此，在国家政策的大力支持下，中小企业尤其是轻资产类企业，应在其创新发展的过程中，牢牢地将服务实体经济作为其永续发展的出发点和落脚点，充分发挥自身的科创优势，积极应用科技手段，破除企业发展瓶颈，将创新发展实实在在地落地实施，服务于实体经济，真正远离"一夜暴富"的经营陷阱和不合实际的发展构想。

104. 企业创新发展应与风险防范并重

企业在助推创新发展的同时，也可能会引入新风险，甚至影响企业经营的整体战略布局。创新发展与风险防范是一对"孪生子"，要正确处理两者既对立又统一的辩证关系，做到相辅相成，不可偏废。在企业发展中，如一味强调创新，不注重风险防控，就可能酿成"黑天鹅事件"，甚至引发生存危机。相反，如果墨守成规，裹足不前，则会丧失活力，错失发展机会。纵观世界级科技企业和科研机构的发展历程，技术化程度越高，越需要管理手段保驾护航。企业在顺应时代变革的同时，企业家要把安全创新作为企业发展的主旋律，以信息技术为武装，增强企业创新管理的专业性、统一性和穿透性，做到看得见、辨得清和管得住，实现风险早发现、早预警，以创新促发展，以安全保发展。

105. "走出去，引进来"，探索科创风险管控新模式

科创风险防控也要积极"走出去，引进来"。各个企业、各个地区、各个国家的经济发展水平有别，科技创新战略规划和防控措施亦不尽相同。因此，建议各位企业家积极与其他企业在技术攻关、标准制定、风险防控等方面加强交流合作，实现优势互补与成果共享，积极探索企业科创风险管控的新模式。

106. 科创风险防控手段应多元化

人工智能、大数据、物联网、5G通信等科技手段已经开始在全球范围内推广，企业在创新发展过程中，可以借助这些优势条件，通过组建风控团队、专家论证、大数据分析、市场调研等多种方式，检索、查询、研判项目可能存在的风险，尽早将风险消灭在萌芽状态。

第九章

企业管理战略思维

2018 年 11 月，习近平总书记在民营企业家座谈会上强调："非公有制经济在我国经济社会发展中的地位和作用没有变，我们毫不动摇鼓励、支持、引导非公有制经济发展的方针政策没有变，我们致力于为非公有制经济发展营造良好环境和提供更多机会的方针政策没有变。"他指出："我国基本经济制度写入了宪法、党章，这是不会变的，也是不能变的。任何否定、怀疑、动摇我国基本经济制度的言行都不符合党和国家方针政策。所有民营企业和民营企业家完全可以吃下定心丸、安心谋发展。"这些语重心长的话语，每一句都寄托着习总书记对民营企业和民营企业家的殷切嘱托。如何确保民营企业在重重风险和困难中保持定力、平稳发展？如何在企业的经营管理工作中吸取教训和经验？应是各位企业家尤其企业中的党员领导干部优先深思的问题。目前，混合所有制企业也要按照《公司法》的规定，股东、董事、管理人员都要行使好相应职权，要进一步理清政企边界，使混合所有制企业更好地与市场经济融合。企业要在"生存、发展、自好、进取"四个战略思维方面下足功夫，坚持多做分析思考，多做理性推理，多做调查研究，始终保持艰苦奋斗、科学管理、一身正气、开拓进取的优良作风，才能把握市场的发展规律，才能避免市场风险和决略策略的失误。

107. 攻坚克难谋生存

艰苦奋斗是我们中华民族的优良传统，也是我们党团结和带领全国人民实现国家富强、民族振兴的强大精神力量。当前许多企业面临诸多实际困难，但只要我们坚持社会主义初级阶段的基本经济制度，深刻领会和把握党和国家方针政策，瞄准时代前沿，坚持自力更生，企业就一定能够实现更高质量水平的平稳发展。在激烈的社会市场竞争中，各位企业家需要不断培养和发扬攻坚克难、艰苦奋斗的创业精神。

108. 民主管理促发展

企业文化是企业的灵魂，是企业发展的不竭动力，企业的民主管理是企业文化的重要表现形式之一。社会转型期中的企业要想持续发展，就必须顺应社会发展趋势，认真开展和加强员工民主管理工作，把员工民主管理工作和员工的工作绩效、情感、社会心理、福利等有机结合起来，建立起员工民主管理观念，形成民主管理文化，用企业民主管理文化凝心聚力，促进企业的健康发展。

109. 一身正气洁自好

企业家要贯彻落实中央指示精神，自觉构建"亲""清"政商关系，为营造风清气正的社会环境贡献自己的力量，在企业驻地的党风廉政建设中发挥积极作用。目前，国家反腐的力度逐渐加大并已经取得了良好成果，企业家尤其是党员干部，要杜绝以权谋私、钱权交易、贪污贿赂、吃拿卡要、欺压百姓等违纪违法行为。企业要实现长足发展，讲正气、走正道才是"上上策"。

110. 开拓进取做典范

"企业要健康发展，前提是企业家和企业的管理人员要健康成长。"各位企业家需要不断开拓进取，加强自我学习、自我教育、自我提升，珍视自身的社会形象，热爱祖国、热爱人民、热爱中国共产党，践行社会主义核心价值观，弘扬企业家精神，做爱国敬业、守法经营、创业创新、回报社会的典范。

结 语

比尔·盖茨有一句名言："微软离破产永远只有18个月。"微软之所以能够在全世界科技企业中保持领先地位，主要源自于其强烈的风险意识。企业面临风险并不可怕，可怕的是没有防范风险的意识。说句心里话，每位企业家都想通过经营企业、耕耘市场来实现自己的辉煌人生，但回望过去，又有多少企业家创业时呕心沥血、披荆斩棘，却在小有成就、名利双收时，突然身败名裂，身陷囹圄，企业亦随之覆舟商海。在激烈的市场竞争中，法制观念的强弱已经成为衡量一个人，特别是企业家综合素质高低的重要标志之一，已得到越来越多的具有远见卓识、高素质、高品位的企业家的共识。因此，企业要想在市场经济的大江大潮中保持发展态势，企业法律风险防控就显得尤为重要。

纵观企业发展的艰辛历程，法律风险常常伴随于企业经营发展的各个环节，有时虽能"亡羊补牢"，但是"防患于未然"才是企业长久的生存之道。淡薄的法律风险意识和缺位的法律风险防范机制势必会使企业发展失去"双翼"，难以实现可持续发展。

本书从企业根基、经营、战略发展三个维度出发，通过九个关键点的内容，阐释了企业法律风险防范在经营发展过程中的重要地位，希望各位企业家一定要自觉树立政治意识、法律意识、风险防控意识。企业家要像抓生产、促销售一样，扎扎实实，扑下身子，从学习政策法规、健全企业法律风险保障体系开始，从源头和根基上规避企业法律风险，在实际操作过程中守住底线、不碰红线，敢做企业运营的"排雷勇士"。

再次感谢各位领导、同仁、朋友，能够在笔者编写这本书的过程中给予我中肯的意见和建议，在此一并致谢！

马志杰

2020 年 4 月 2 日